rules《ルールズ》

暮らしが変わる！

スタイルで選ぶ
インテリア

はじめに

ひとり暮らしやふたり暮らしをはじめるとき。
もしくは、マンションや家を買うとき。
そのときに、はじめてインテリアと向き合う人が多いようです。
だから、本書は〝インテリアのことはじめ〟をする人のために
スタイル選びからはじめるインテリアに注目しました。

洋服選びは、小さいころから何十回も何百回も経験しているけれど、
家具選び、カーテン選び、照明選びは、
ほとんど経験がないままに、はじめなければなりません。
洋服と違って、簡単には買い替えができないうえに、
10年単位の長きにわたってつきあうことになるにもかかわらずです。

洋服選びなら、長年の経験から好きなもの、嫌いなもの、
心地いいもの、落ち着かないものなどが漠然と分かっていて、
それぞれの人なりの選択基準がありますが、
インテリアとなると、〝好き〟がなにかさえも、
自分のことなのに、はっきり言えないことに気がつきます。

そこで本書の出番です。
まずは、〝好き〟をはっきりさせるところから、スタート。
それが、自分なりの〝スタイル〟を選ぶということです。
目標をはっきり掴んだうえで、
自分たちの暮らしに合わせた家具選びをし、
配置を考え、というステップへと進みます。
そして、さらにセンスのいい空間を作るためのディテールへ。

インテリアって、一体どうすればいいの？
そんな悩みを持つかたがたに、この本が届き、
暮らしを変える最初の一歩のお手伝いができたら幸いです。

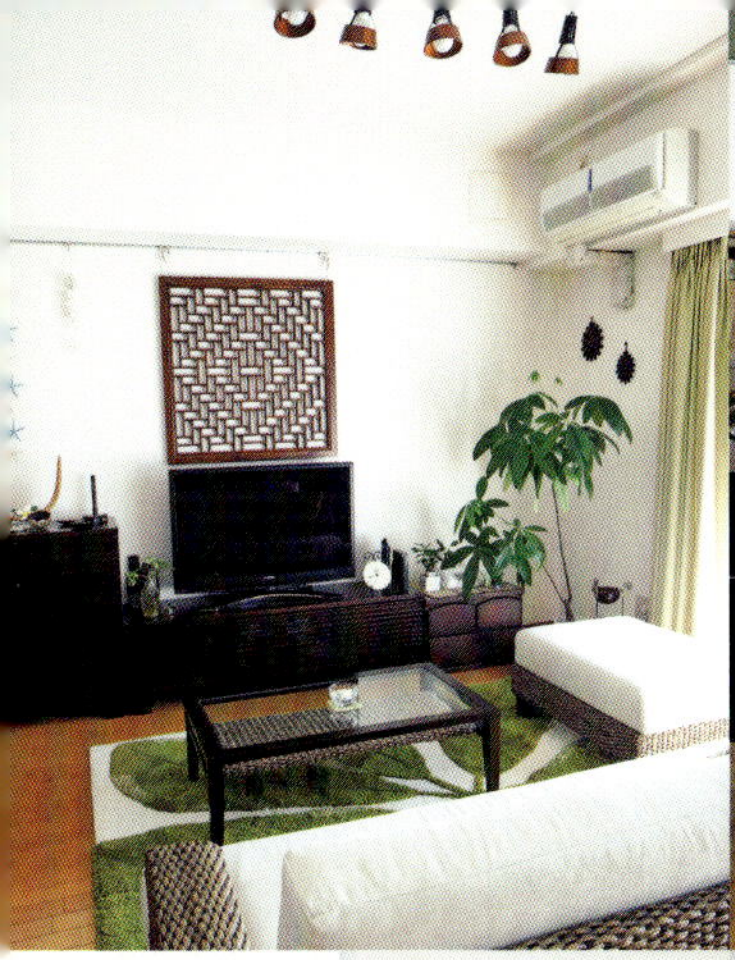

Wednesfield and Wood End
via Wednesfield and Coppice Farm
via Darlaston, Bentley and Willenhall
TIMESAVER
Even on bad days, I'll still be happy with you.

Contents

89

Part 2　間取りから暮らしを考える

101

Part 3　ディテールを整える

[注意事項]

＊掲載されているお宅は個人宅であり、写っているものはすべて私物です。

持ち主がどこで入手したかを記載しているものであっても、現在手に入らない場合もありますので、ご了承ください。

＊〈　〉で囲んである言葉はブランド名、デザイナー名、商品名、シリーズ名、通称などです。

＊掲載されているデータは取材時のものです。

Part 1

好きなスタイルを見つける

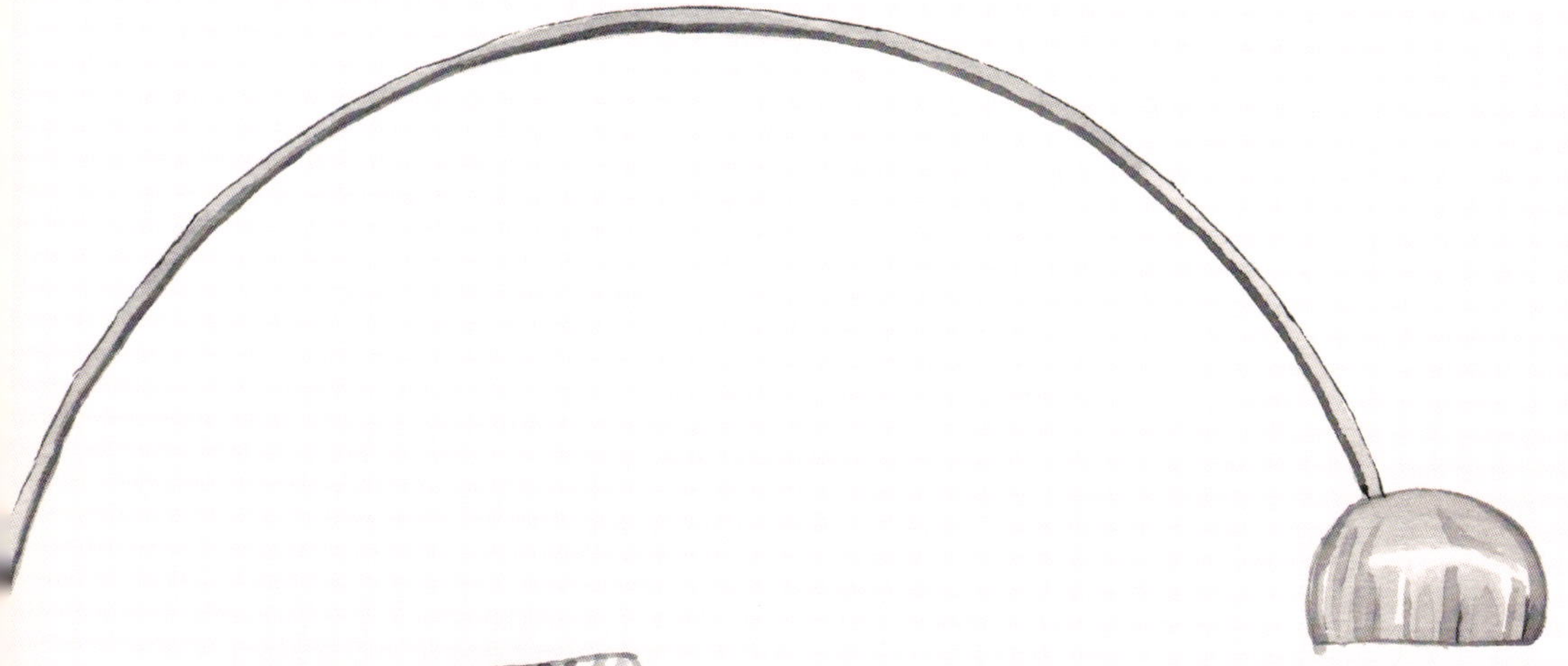

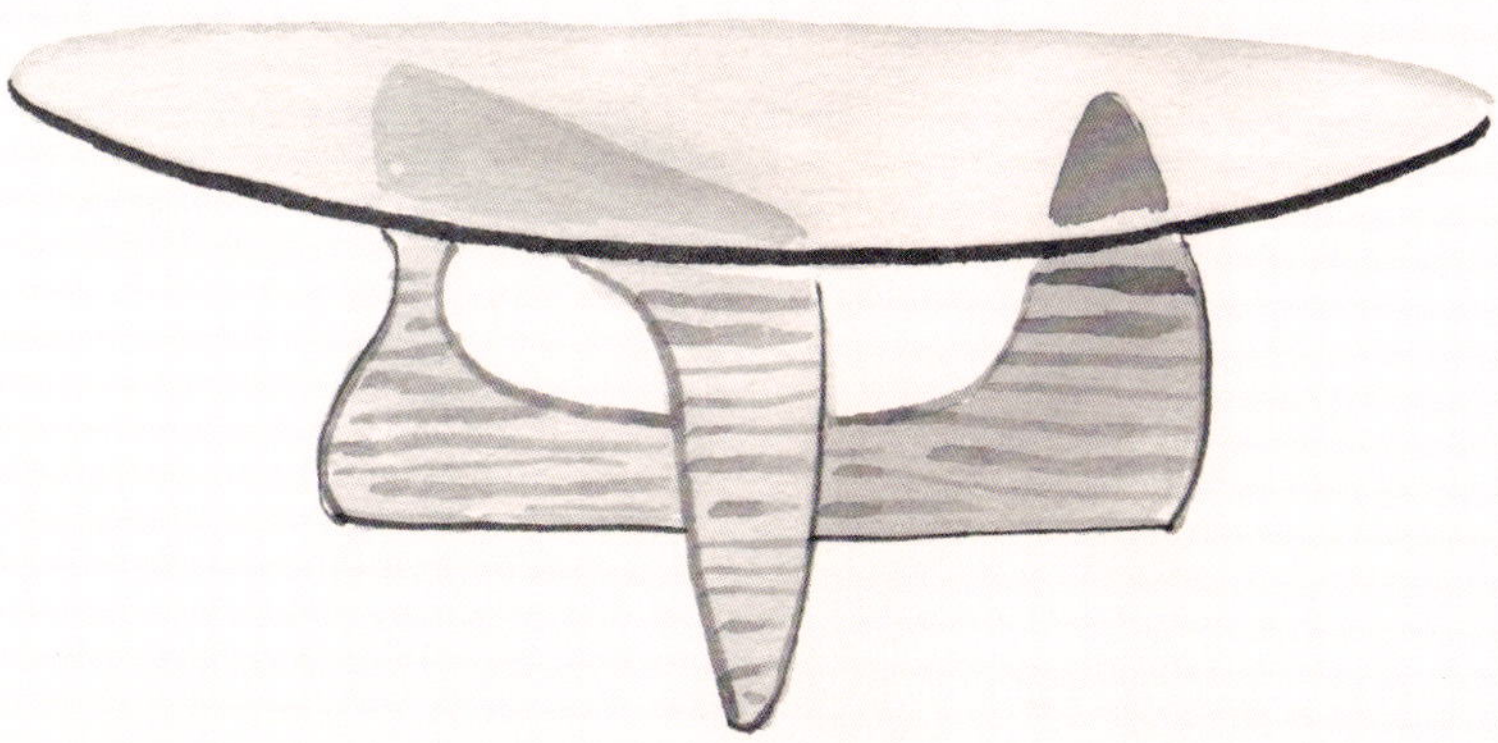

〝帰るのが楽しみになるような、おしゃれで心地いい場所〟で暮らしたいと多くの人は願うのではないでしょうか？　それは今の住まいであっても、これからの新居であっても、賃貸であっても持ち家であっても同じこと。そのために、まず自分たちが目指すべき、好きな〝スタイル〟を見つけることからはじめましょう。

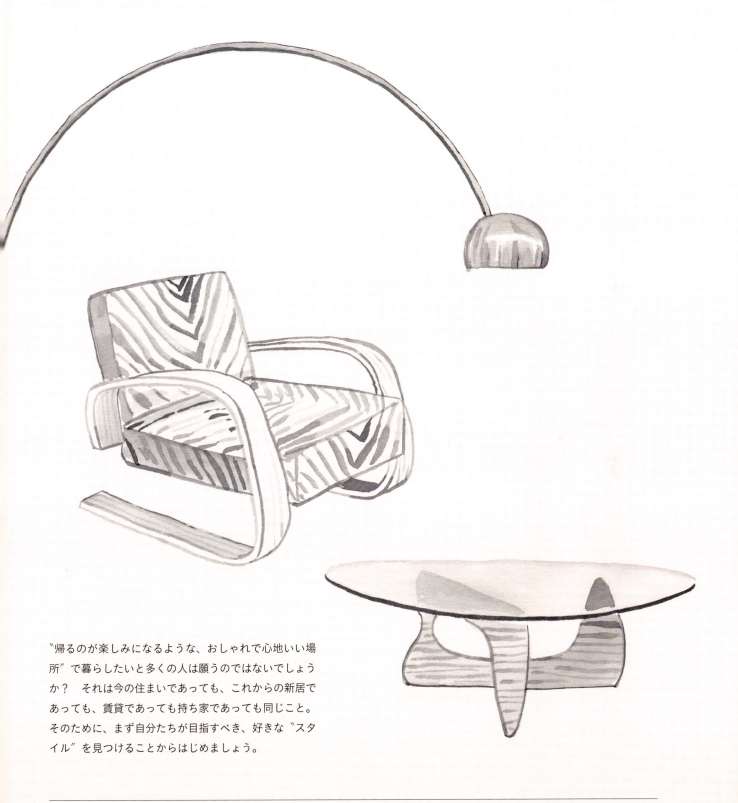

インテリアの スタイルってなに？

インテリアの分野でスタイルといったときは、
学術的な意味の〝様式〟を指す場合があります。
でも、インテリアをブラッシュアップしたいというだけなら
昔ながらの様式を一から学ぶ必要はありません。
本書では、様式ではなく、
インテリア空間が持つ雰囲気や特徴をひとことで表すために、
スタイルという言葉を使っています。

nordic

natural

これから紹介するのは、日本の住宅事情に合っていて、
かつ、インテリアショップやネットショップで手に入るもので
作り上げることのできる、人気の6つのスタイルです。
自分がいちばん好きと感じるスタイルを探してみてください。

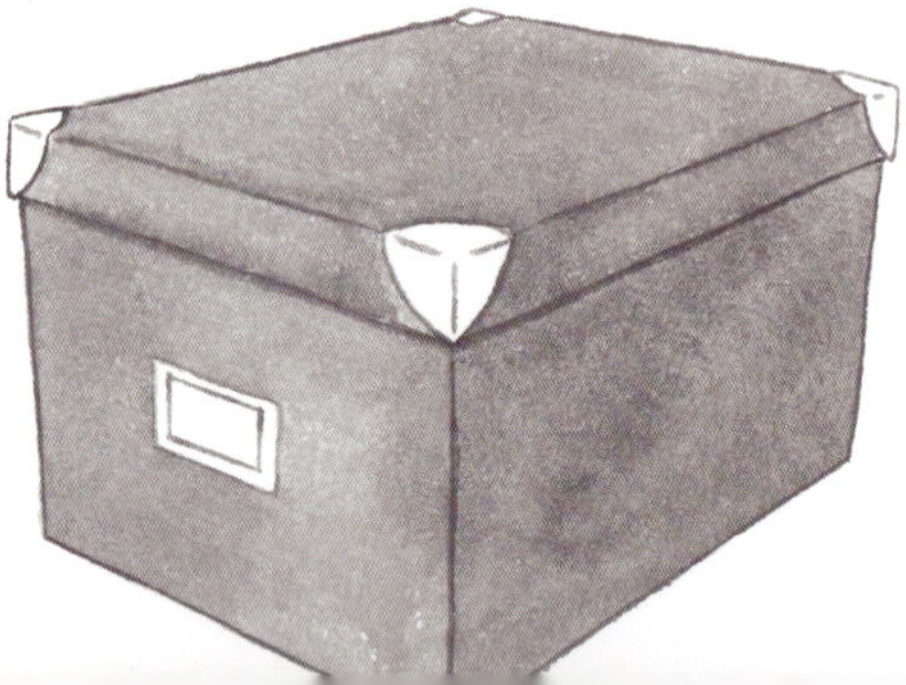

modern

インテリアの世界にも流行があります。
ものを探すと、
そのときに流行っているものが目に入りやすく、
いつもその中から選んでいると
ちぐはぐなインテリアができ上がります。
でも、目指すスタイルがあると、
インテリアのベースができるので、
余計なものが入ってきにくくなります。
ひとつ、核となるスタイルを意識しておくことが
センスよくインテリアをまとめるのには必要なのです。

french chic

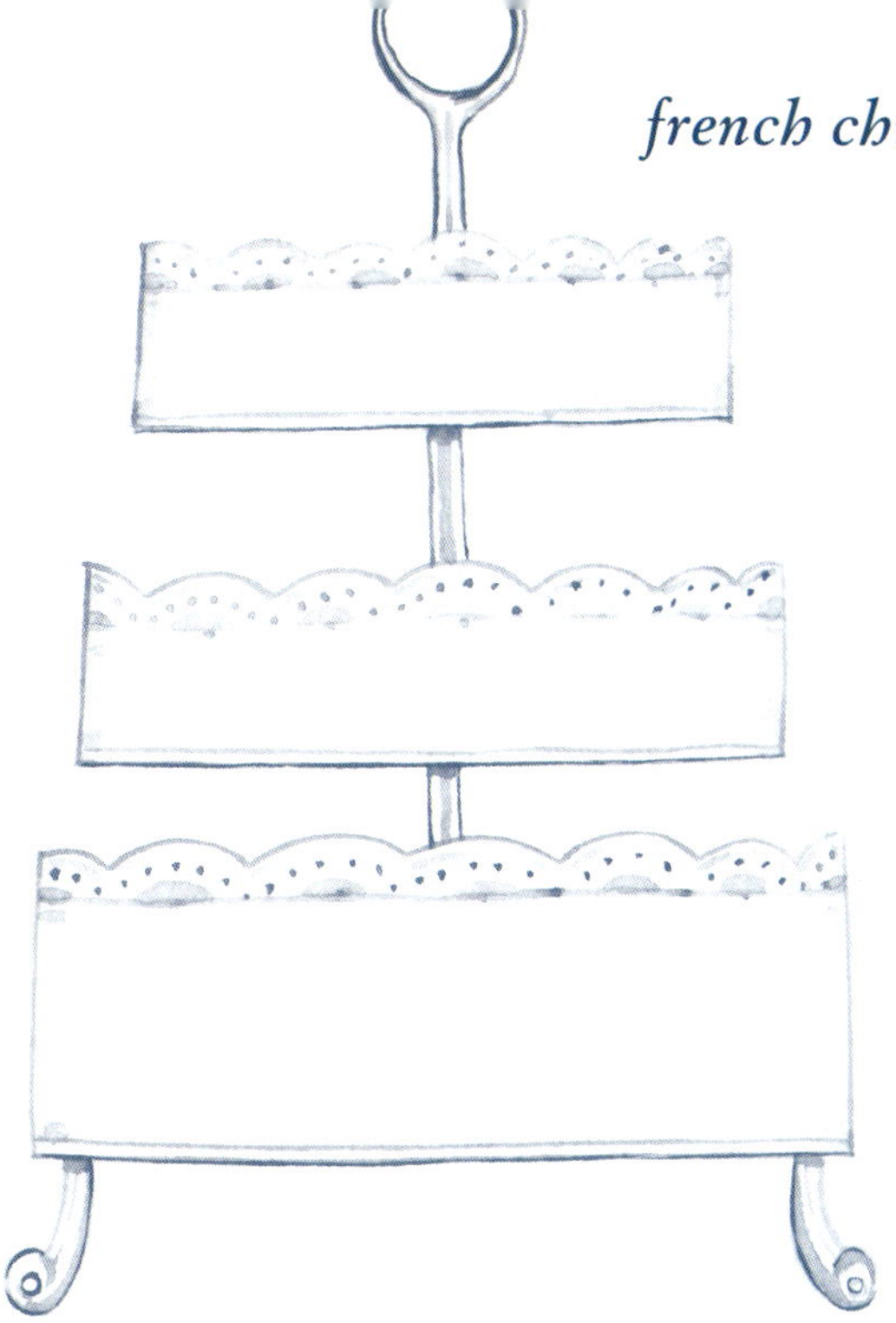

cafe

目指したいスタイルが見つかったら、
ご紹介するruleに沿って、
少しずつアイテムを取り入れてみてください。
このページのイラストは、かごや箱などの収納アイテム。
本書で紹介する6つのスタイルに合うものを描いています。
収納アイテムひとつとっても、
選ばれるものが、こんなに違うので、
スタイルを意識したもの選びをすることは統一感を生みます。

最終的にはスタイルにとらわれ続ける必要はありません。
自分の核となるベースができたら、
後は、その人なりのスタイルを作り上げればいいのです。
この本でのスタイル探しは、あくまでもスタート。
最初にスタイルを意識しているだけで、
その後に作られる空間は
ぐっとセンスがよくなるはずです。

asian

ナチュラル

スタイルの作り方 rules

case 堀さん宅

ダイニングのアクセントになっている扉は、木肌を感じる仕上げ。リノベーションを依頼した〈ロハススタジオ オクタ〉に作ってもらったものです。

rule
〝白〟という色

rule
木のぬくもり

キッチンの扉材や、天井に取り付けた飾り梁には古材を採用。ほかの新品だった素材も使うことによって味わいが増し、いい感じになじんできました。

右上：ダイニングの壁に取り付けた古材の棚は、お気に入りのディスプレイスペース。のみの市イベントなどで買い集めた小さな雑貨たちが並びます。左上：堀さんは布もの作家として活動中。リビングの一角には材料などを集めたコーナーが。右下：構造上取りはずせなかった柱にはフックを付けたり、リースをかけたり、あえてアクセントにする使い方。子どもたちの背比べの印もかわいい。左下：カウンターは自分でペイントし、天板を取り付けリメイク。

キッチンにつながる家事室的な役割の場所。棚板やミラーフレームなどに木を選び、実用的な場所にもぬくもりを表現。リネンのカーテン越しの光もやわらかです。

自然素材がもたらす、ほっとする空気感が ナチュラルインテリアの最大の魅力

　穏やかでやさしげなムードが全体に漂う堀さん宅。中古住宅を購入し、リノベーションをしてから10年が経ちました。「人の手によって使われたことで生まれる、味わいに惹かれます。だから年月が経って、ただ古くなった、汚くなったと感じるものではなく、魅力が増すと想像した素材をたくさん取り入れました。私にとってそれは無垢の木の床だったり、珪藻《けいそう》土《ど》の壁だったり」と、堀さん。実際に10年が経ち、年を重ねたからこその肌合いが感じられ、「リノベーション直後よりも好き」と思える空間になりました。

　味わいの増す素材という視点で、堀さんがもの選びをしていくと、そこには〝自然に存在するもの〟という共通項が。自然＝ナチュラル。このスタイルを目指そうと思ったわけではないですが、堀さんの手によって選ばれたひとつひとつによって、おのずとナチュラルスタイルができ上がったのです。

　白という色が効果的に使われているのもナチュラルスタイルらしく感じられるゆえん。「なににでも合うので、迷ったら白を選ぶようにしている」というように、悪目立ちしないうえ、木のぬくもりをより強く感じさせてくれる効果もあります。白の中でもアイボリーがかったものを選んでいるおかげで、自然の素材感と相まってほっとする空気感を運んでくれているのです。

リビングの床はオークの無垢材。10年経って、ほどよくあめ色がかってきました。ソファは〈イケア〉。白がナチュラルスタイルにぴったりです。

お気に入り&ディテールコレクション

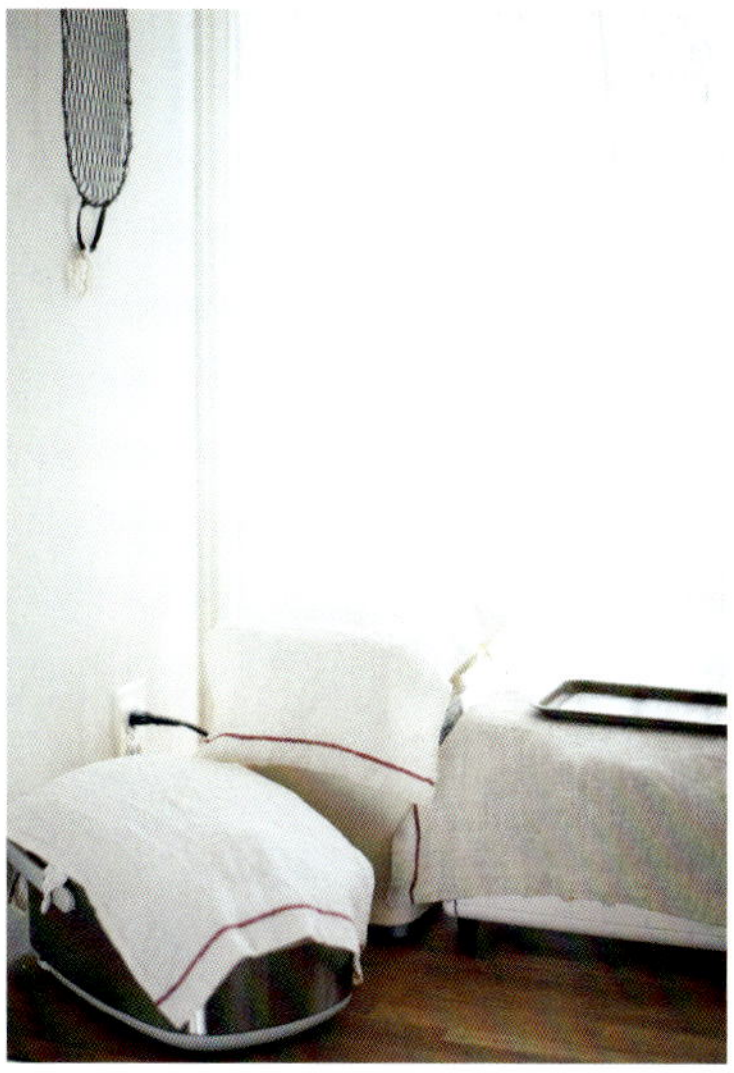

右：しまい込むと使いにくい炊飯器やトースターなどの調理家電。ナチュラルスタイルに合う、白系のキッチンクロスをかけて目立たぬように目隠し。中：飾る場所が欲しくて、いくつか作ってもらったニッチ。拾ってきた落ち葉も映えます。左：公園でどんぐりや石を拾って、古いお菓子の型に入れてディスプレイしました。

右：プリザーブドフラワーを教えている姉に教わって作ったリースボール。天井から吊るすと目線が上がり、いいアクセントに。中：フックが部屋のあちこちに。実用的でありつつ、フック自体が美しいオブジェのよう。左：玄関のディスプレイ。すべて自然のものなので、ナチュラルスタイルにぴったりのたたずまいになります。

右：埼玉にある、古道具とベーグルを販売する〈くたくた〉で購入したシェード。さびた味わいも含め、今のお気に入りだそう。中：家のフォルムに惹かれて、つい買ってしまうというおうちのオブジェ。廊下にあるニッチに並べています。左：塗装がはげかかっているホーローのライト。味わい深く年を重ねるものに惹かれます。

ナチュラル
スタイルの作り方
rules

case Mさん宅

rule
〝白〟という色

リビングの壁に窓を付けて、玄関にも光が抜けるようにしました。ソファのグレー、窓枠の黒が甘くなりがちなナチュラルスタイルを引き締めます。

〈アーコール〉の椅子に合わせて〈DEN PLUS EGG〉にテーブルを作ってもらいました。壁に取り付けた棚は､〈ロンドン･クラシック〉で購入。

キッチンにも木の質感を取り入れましたが、少しシャープな雰囲気。白いタイルも目地を黒にし、半分ずつずれるように貼るとアクセントになります。

やわらかなラインと、明るい木肌の家具を主役に。年月とともに味わいを増すナチュラル空間

「母がインテリア好きで、私もその影響でイギリスの古いものになじみがありました」とMさん。イギリスの陶器デザイナー、〈スージー・クーパー〉の食器をコレクションするような母親の元に育ったおかげで、自身の家をイメージしたときも、自然と昔からなじみがあった家具や雑貨が似合いそうな空間を作ることを考えたそう。

中古の戸建てを購入し、リノベーション。依頼したのは、そんなMさんの好みを的確に理解し、提案をしてくれそうと感じた、兵庫県・苦楽園にある〈DEN PLUS EGG〉でした。「〝古くて味わいのあるものが似合う、でもすっきりしている空間〟とリクエストしました」。そして、その答えが無垢の木を使いつつ、白の壁が生きた、ナチュラルスタイル。「長く使えるいいものをお持ちだったので、土台となる空間にも本物の素材を使い、同じ雰囲気になることを目指しました」とは、担当したデザイナーの弁です。

主役になったのは、イギリスの〈アーコール〉の家具。ぬくもりのあるやさしげな雰囲気を持ちつつ、シンプルなデザイン。一般に想像するアンティークの重厚さとは一線を画す、かろやかなデザインなので、すっきり暮らしたいというMさんの要望にぴったり。明るい木の色合いが白壁に映えるやさしいたたずまいの空間になりました。

Mさん宅をリノベーションした会社：『DEN PLUS EGG』 www.denplus.co.jp/index2.html

右上：リビングに併設する和室は残しましたが、ナチュラルな素材を多用する和室はナチュラル空間との相性はばっちり。〈ロンドン・クラシック〉で購入した棚を置いてリビングとつながりを持たせました。左上：リビングの一角には洋服やバッグをかけるフックを設置。のみの市イベントで購入したもの。ナチュラル素材のりんごの木箱も収納に活用しています。右下：洗面所のシンク天板には、白のミニタイルを。清潔感を感じる仕上がりです。左下：〈アーコール〉の飾り棚には、母から譲り受けた〈スージー・クーパー〉の器を飾りながら収納。どちらもイギリス同士のせいか、似た空気感を持っています。

2階に作った書斎的なスペース。ここだけブルーグレーの壁紙を採用し、イメージを変えました。ナチュラルな木部とも相性のいい色です。

デスクの左側には大容量の本棚を造り付けに。あたたかみを感じる木製なので、今後本が増えても事務所的な冷たい感じにならず、安心。

玄関はシューズクロゼットではなく、オープン棚を採用。グリーンを飾れ、バッグを引っかけられ、インテリア面と実用面で一石二鳥です。

かごはナチュラルスタイルの収納には欠かせないアイテム。玄関ではスリッパなどを入れて使っています。コットンの布をかけて目隠し。

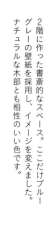

お気に入り&ディテールコレクション

右：リビングに設置したアイアン製のストーブ。薪を使うタイプかと思いきや、なんとガスが熱源。「でも本格的で、この前で火がゆらめくのを座ってじっと見ていることも」。中：ちょっと愛嬌のある猿や猫のモチーフに惹かれるMさん。これも〈ロンドン・クラシック〉で購入したアンティーク。左：洗面所の照明は、ホーロー製。

右：洗面所のシンク天板には、ワイヤー製のかごを置き、タオル入れに。使っているタオルもナチュラルテイスト。中：キッチンには扉付きの吊り戸棚の代わりにオープンな棚を。さっと手が届く場所なので、砂糖と塩を入れたつぼを見せながら収納。左：じょうろは、骨董市で購入。ドライのあじさいがよく似合います。

右：7歳の長男のおもちゃは、リビングに置いた箱に。布をかけておけば、ナチュラルスタイルのインテリアを邪魔しません。中：ぜひとも使いたかった〈アーコール〉の椅子。〈DEN PLUS EGG〉が営むアンティークショップで購入しました。左：愛猫のごはんは缶の中に。これならしまい込まずにすむので、すぐに出せます。

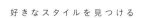

まとめ

ナチュラル スタイル

〝ナチュラル〟は、自然のまま、加工していないという意味の形容詞。インテリアでナチュラルといった場合、人工的な素材の存在感を抑えつつ、自然素材を多く取り入れたインテリアを指します。

程度の差はあれど、自然に対して居心地のよさを感じるのは、多くの人に共通するところ。そんな自然の持つ包容力を表現するのが、木のぬくもりです。天然木が本来持つ質感にこだわることが、ナチュラルスタイルへの第一歩。ピカピカした人工的な塗装を施したものや、ダークブラウンに着色したものより、白木にオイルやワックスを塗っただけのような、〝素のまま〟を感じさせる、木製品が好まれる傾向にあります。

また、欠かせないのが、白という色。天然素材×白の組み合わせは、さわやかさや清潔感を生み、このスタイルが人気になる理由のひとつ。リネンやコットン、陶器、かごなどの、肌合いのよさそうな天然素材もマストなアイテムでしょう。

ナチュラルといっても、曲線の多いやわらかなデザインの家具を用い、アンティーク雑貨を飾るようなフェミニン傾向のスタイルや、直線的な木製家具を取り入れ、ものを少なめにするシンプルなスタイルがあり、どちらも人気です。

rule 1

[木のぬくもり] を取り入れる

年月とともに味わい深くなり、ぬくもりを感じさせる天然木の家具や床材。ナチュラルスタイルの空間作りは、木製品選びからはじまるといっても過言ではありません。プリント合板ではなく、本物の木にこだわり、オイルやワックスで仕上げたものや、ウレタン塗装でも表面を厚く覆ってないものを選び、木の質感を楽しみます。

樹脂合板が多い既成品とは違い、あたたかみがある木製の扉。建具は存在感が大きいのでこだわりたい部分です。

白っぽい色目のメープル材は、さわやかな印象をプラスしてくれます。（画像協力：北の住まい設計社）

触ったときに、木のぬくもりや肌合いを感じられる無垢の家具や床材がナチュラルスタイルでは人気。

白い陶器のカップやピッチャーを、キッチンでカトラリーやツールの収納に。白がさわやか。

壁は大きな面積を占めるので、白を選ぶと効果大。しっくいや珪藻土なら、ナチュラル度がさらにアップします。

rule 2
[〝白〟という色]
を取り入れる

木のぬくもりを大切にするとはいえ、壁も天井も木で仕上げて、ログハウス的な雰囲気のインテリアにするのではなく、白色も大切にするのが、人気のナチュラルスタイルの特徴です。さわやかな清潔感が引き出され、日本の限られた広さの住宅環境にもよくなじみます。壁はもとより、家具や小物、ファブリックなどで、白を取り入れることで、このスタイルらしさが生まれます。

鍋などにかける、目隠し兼ほこりよけも白い布で。

rule 3
[ナチュラル感のあるかご] を取り入れる

インテリアアイテムとして人気の、自然素材を使ったかご。とくにナチュラルスタイルには不可欠で、そのまま壁にかけたり椅子に置いて飾ったりと、そのたたずまいを楽しみます。収納用品としても便利で、インテリアにそぐわない、生活の雑多なものを隠してくれます。柳、竹、籐製など、明るい色調のものが多く取り入れられます。

扉にかけたかごには、キッチンクロスを収納。

ダイニングテーブルに置いてティッシュ箱を中に。

rule 5

[リネン&コットン]
を取り入れる

風をふんわりと通し、光をやわらかに回してくれるリネンやコットンをカーテンに使うと、ナチュラルスタイルらしさが生まれます。自然素材ならではの風合いで、木製品ともよくマッチ。テーブルクロス、棚やかごの目隠し、クッションなど、活用の範囲も幅広いので、白、オフホワイト、生成りか、淡い色合いのものを採用して。

洗面シンクの天板に丸タイルを貼るのもかわいい。

rule 4

[タイル]
を取り入れる

古くから家の内外で使われてきたタイルという素材。ステンレスなどよりぬくもりがあり、使い込むことで味が生まれるためか、ナチュラルスタイルでよく取り入れられる素材です。キッチンの壁やシンク天板、玄関のたたきなどに採用されること多し。清潔感のある白や、素焼きのような雰囲気を楽しめるテラコッタタイルが人気です。

縦長のタイルを縦貼りに。新鮮なセレクト。

照明のシェードでホーロー素材を取り入れるのもおすすめ。

大きめのアンティークのキャニスターは、掃除グッズなどを収納する用途にも。

rule 6

[ホーロー製品]
を取り入れる

ガラス質の釉薬を鉄などの金属に施して焼き上げるホーロー。太古の昔から存在している素材で、ガラスの光沢による清潔感や、古くなって少し表面の膜がはげてきたときの朽ちた美しさもあり、新品のもの、アンティークのもの、ともにこのスタイルで人気。キッチングッズのほか、照明、ガーデニンググッズなどにも取り入れてみては?

シンクの前に置いて、スポンジやブラシの定位置に。

ナチュラルスタイル向きのおすすめショップ

木肌やぬくもりを感じられるタイプの白い家具もこのスタイルにぴったり。

天然木の色合いを生かした家具の中に、白の椅子を1脚足すのもすてき。

パイン材×白いモザイクタイルの組み合わせは長年人気。取っ手などもいろいろ選べます。

モモナチュラル
自由が丘店

岡山県に自社工場を持つ家具メーカーが営むインテリアショップ。天然木を使ったナチュラルな家具が豊富に見つかります。日本の住宅にフィットするサイズ感とリーズナブルな価格もうれしいポイント。照明、カーテン、雑貨の品揃えも魅力的。

www.momo-natural.co.jp
東京都目黒区自由が丘2-17-10　ハレマオ自由が丘ビル2F　☎03-3725-5120　11：00〜20：00　不定休　そのほか横浜、名古屋、大阪、西宮などに店舗あり

北の住まい設計社

木材の乾燥から自社で行い、北海道にある工房で職人の手仕事によってひとつひとつ作られている家具。無垢材のぬくもりと洗練されたデザイン、そして天然素材を使った仕上げと、こだわりが詰まっています。これらの家具と、セレクトされた暮らしの道具が並ぶ本社ショップには、カフェも併設されていて旅気分で訪れたい場所です。

www.kitanosumaisekkeisha.com
北海道上川郡東川町東7号北7線　☎0166-82-4556　10：00〜18：00　水曜定休　そのほか札幌、東京・等々力、名古屋に直営店あり

食器、クッション、ポスター、照明などのインテリアアイテムのセレクトも魅力的です。

暮らしのシーンが想像できるように家具が並んでいます。

メープル材オイル仕上げの土台に、リネンのシェードという組み合わせのフロアスタンド。

オーダーキッチンやリフォームの依頼もでき、トータルで空間が作れます。

コットンやリネンのシェードを選べる、チーク材のテーブルランプ。

実際に手で触ることでぬくもりある味を感じて。2階には系列店であるカーテンショップが。

ザ・ペニーワイズ
白金ショールーム

ナチュラルスタイルのスタンダード的なショップとして、幅広い世代に根強い人気。無垢のパイン材やチーク材を用い、蜜蝋のワックスで仕上げられるオリジナル家具は、使い込むほどに味わい深くなり、ナチュラルな家具のよさを実感できます。

www.pennywise.co.jp
東京都港区白金台5-3-6　1F　☎03-3443-4311　11：00〜19：30　火曜定休　そのほか神戸に支店、東京・勝どき、広尾にアンティークを扱う系列店あり

北欧

スタイルの作り方 rules

case 吉田さん宅

最近ファブリックを張り替えた、〈ハンス・J・ウェグナー〉のソファがリビングの主役。「安くはない買い物ですが、いいものを長く使いたいと思っています」。

〈ウェグナー〉の〈Y チェア〉、〈アルヴァ・アアルト〉の スツール、〈アルネ・ヤコブセン〉の〈セブンチェア〉と北欧のシグネチャー的椅子が揃うダイニング。

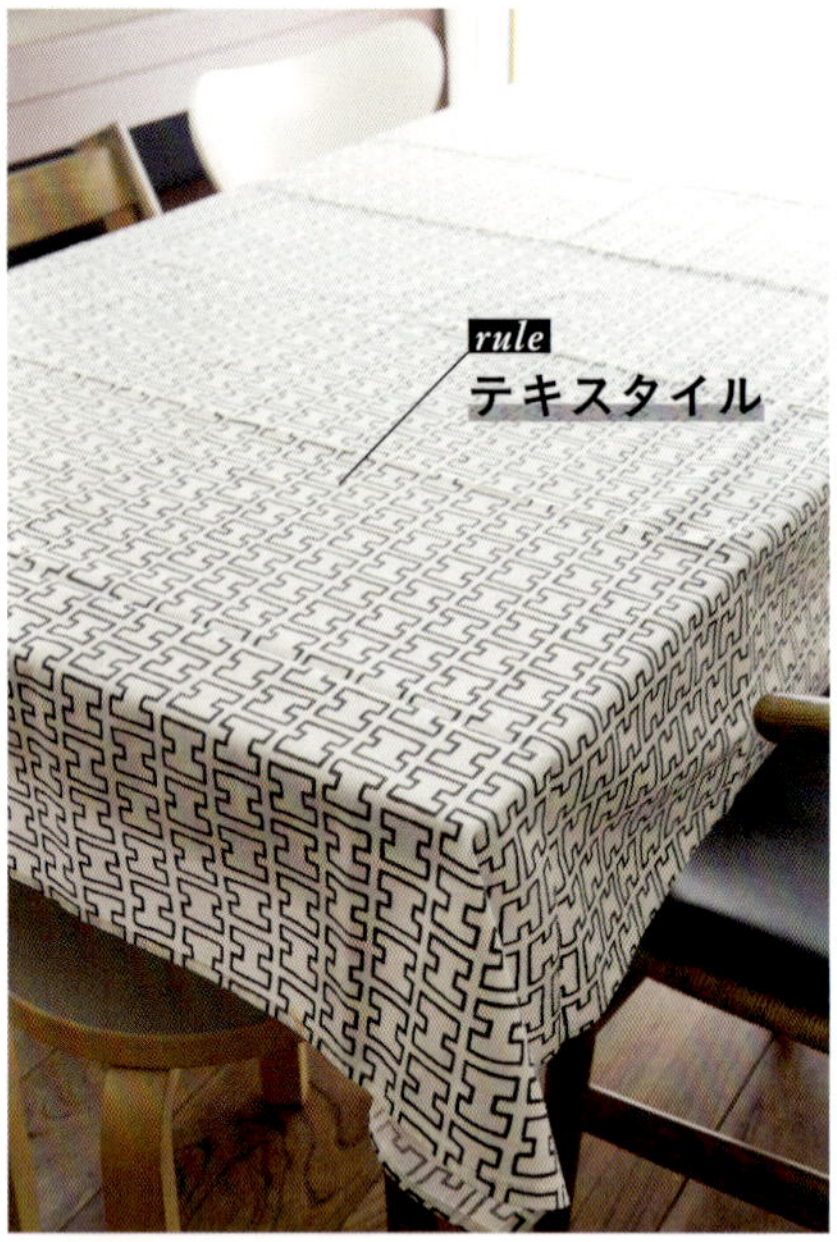

友人たちが集まるときなどに使うテーブルクロスも北欧のテキスタイル。1枚かけると大きく雰囲気が変わるので、頻繁に使わなくてもあるとうれしい存在です。ほかにもファブリックパネルや、子どものバッグを作るなど、北欧テキスタイルを活用しています。

ダイニングのチェストはデンマークのヴィンテージ。奥行き30cmで、邪魔になりません。パソコン＆充電器の指定席で、引き出しにはカトラリーなどが。

玄関のたたきにも小さいチェストを。北欧の家具は小ぶりなものが見つかるので置く場所を選びません。ハンカチ、ティッシュなどを収納しています。

〈無印良品〉の壁に付けられる棚を使って、ディスプレイしつつ収納。「ナチュラルスタイルにならないよう、黒色をアクセントに引き締めています」。

中古の戸建てを購入してリノベーションしたので、キッチンも北欧スタイルが似合う、シンプル×木のぬくもりを感じるしつらえにすることができました。

ぬくもりとモダンさ、そして遊び心。北欧スタイルの魅力をギュッと詰め込んで

学生時代は住居学科で学んでいたほど、筋金入りのインテリア好きな吉田さん。若いころはミッドセンチュリーモダン（米国の1950年代のスタイル）に惹かれていたそうですが、結婚してからは一貫して北欧スタイル。かれこれ12、3年になるといいます。

嫁入り家具も、北欧ヴィンテージのキャビネット。現在は、食器棚として活躍中で、リビングで空間を引き締める存在になってくれています。「チーク材、脚のあるかろやかなデザイン、蛇腹で開く扉が付いているなど、北欧の家具らしい要素がいっぱいで、ずっとお気に入りです」。

北欧の家具は、元々好きだったモダンスタイルのシンプルな要素がありつつ、木の質感によるぬくもりもあり、家族が暮らす部屋のインテリアにぴったり。決して安いものではないけれど、少しずつ家具を買い足し、ものによってはファブリックを張り替えながら、愛着を持って使っています。「50年以上前のデザインでも、全然古くなく、モダン。日本のものとも相性がいいところもいいですよね」。

吉田さん宅で印象的なのは、壁をディスプレイ&収納に活用している点。「北欧のかたのインテリアを見ると、やっぱり壁の使い方が上手だと感じます。そんな雰囲気になるといいなと思って、日々、模様替えを楽しんでいます」。

吉田さんのブログ：『mummoおうちじかん』 http://mummo.blog.fc2.com

スウェーデンのテキスタイルメーカー〈クリッパン〉と、〈ミナ ペルホネン〉のコラボのブランケットをベッドカバーに。円高時代に北欧から直接お取り寄せをしたのだそう。

スウェーデンのデザイナーによる〈ストリング ポケット〉は奥行きが浅く、取り入れやすい壁収納。寝室で2カ所に使用中です。

寝室の一角に置いたデスクは〈スタンダードトレード〉のもの。壁の〈ストリング ポケット〉には、〈リサ・ラーソン〉の置き物が。

お気に入り&ディテールコレクション

右：黄色のクッションはノルウェーの〈ロロス ツイード〉、グレーはスウェーデンの女性デザイナー〈ビヨルク〉さんが手がけたもの。中：〈scope〉で購入した〈アルテック〉のスツールも仲間入り。左：キッチンの一角。カッティングボードやペーパーホルダーも、質感のいい木製品をセレクトし、北欧スタイルに合わせています。

右：〈リサ・ラーソン〉のスカートモチーフの花器と、〈イッタラ〉のキャンドルスタンドをさりげなくディスプレイ。中&左：リビングのキャビネットには、少しずつ買い集めた北欧の食器を収納。魅力的な食器が多いのでこの棚に入るだけと決めているそう。北欧のヴィンテージ家具は、ディテールまでしっかり作られていて使い勝手もよし。

右：〈ミナ ペルホネン〉のクッション。「こちらの製品には、北欧と通じる世界観を感じます」と吉田さん。中：〈カイ・ボイスン〉の木製フィギュアは愛嬌たっぷり。いろいろな動きをするので、引っかけて飾ることもできます。植物にぶらさげて。左：〈ミナ ペルホネン〉のなまけもののぬいぐるみも北欧の雰囲気にぴったり合っています。

北欧スタイルの作り方 rules

case Fさん宅

ファースト北欧家具は奥のキャビネット。三重県の〈コンフォートマート〉で購入しました。テーブルは〈ウニコ〉、椅子はすべて北欧のものをセレクト。

テレビ台は北欧家具の雰囲気に合うものを探し、北海道で作られている〈SAC WORKS〉のものに。左のチェストは〈カイ・クリスチャンセン〉のデザイン。

シックな北欧家具×かわいい雑貨。マンションで楽しむ北欧スタイル

「北欧が好きになったのは、食器とテキスタイルがきっかけです。かわいいなと思って、調べているうちに、どんどんはまっていきました」と語るFさん。そして長男の誕生記念に購入したのが、ダイニングに置いたヴィンテージのキャビネットでした。それからは北欧一直線。家具だけでなく、テキスタイルや照明なども少しずつ買い足していきました。雑貨や器、ヴィンテージのテキスタイルを、北欧から直接取り寄せることもあったのだそう。

「夫が北欧のヴィンテージを見て、『あたたかみがあるな〜』と感動していたことも、わが家が北欧スタイルになった理由です。私だけの好みに走るのではなく、家族全員がいいと思える空間にしたかったので」。そのうえ日本のものに合う、そして一般的なマンションの内装に合うこともFさん宅に北欧スタイルが定着したゆえんです。

部屋全体の印象を決める家具は落ち着いた雰囲気で、空間もシンプルに整えているFさん。でも、北欧雑貨を飾ったり、食器で北欧らしいポップさを楽しんだり。シンプル暮らしも好きだけれど、暮らしに潤いをもたらしてくれる〝好きなもの〟も諦めません。飾る場所を限定し、過度になりすぎないことを意識して心地いいシンプルさをキープしながら、北欧スタイルが楽しめる空間を作り上げました。

Fさんのインスタグラムのアカウント「ruutu73」

テキスタイルは、季節ごとに替え、ガラリと印象をチェンジ。「切りっぱなしのものをかけているだけですよ」。〈マリメッコ〉のヴィンテージです。

リビングに続く和室は縁なし畳を選び、押し入れの扉をはずして北欧のテキスタイルに。おかげで自然にリビングとつながります。「北欧スタイルは日本のものとも相性がよく、奥ゆかしい感じなので好きなんです」。

上：「大きいソファを無理矢理置くとせせこましいので」、ソファはひとりがけに。〈ハンス・J・ウェグナー〉のもの。福岡の〈ハミングジョー〉で購入しました。下：和室の壁に設置した棚は長野・上田の〈haluta〉にて。ヴィンテージは出会いものなので、実際に見に行けるところだけでなく、オンラインショップをこまめにチェックして購入しているのだそう。

上：〈アラビア〉の〈ティーマ〉のマグカップは、各色購入。「色がバラバラなほうが楽しいし、お客さまに出すときも、どれを使っていたか分かりやすいので便利です」。下：北欧のかごは白樺の皮やパイン材で作られたもの。かわいくて収納にも使え、実用的。

rule 北欧の日用品

小さいものでかわいいものを取り入れることにしているFさんの器コレクション。「直径17〜18㎝のものは、出番が多くおすすめです」。器として使うだけでなく、ときどき棚に飾ることもあるのだそう。円高の時期に、海外のオークションサイトなども利用して購入しました。

rule 北欧の日用品

フィンランドの〈アアリッカ〉の缶もヴィンテージ品。お菓子作りの材料などを収納し、棚へ。見せる収納に重宝です。

キッチンの背面の棚と、下のチェストは〈イケア〉で購入して、自分で組み立てて設置。棚はギュウギュウにものを収納せず、見せるとしまうをバランスよく。

お気に入り&ディテールコレクション

右：〈マリメッコ〉のテキスタイルの端切れを使って、ティーマットやコースターなどを手作り。中：掃除道具はデザインにこだわれば、出しっぱなしにできるので必要なときにすぐに使えます。スウェーデンの〈イリス・ハントバーク〉のもの。左：〈イルマリ・タピオヴァーラ〉の椅子。ふだんは壁寄せ、来客時にはテーブルで活躍させます。

右：〈ニモーレ〉、〈ロールストランド〉、〈アラビア〉のプレートを壁に。子どもの誕生記念に購入したなど、それぞれにストーリーや思い出がある逸品です。中：〈アルテック〉のスツールは、座ってよし、ものを置いてよし、空間のアクセントによしと万能です。左：〈カイ・ボイスン〉のモンキーは、引っかけている様子がキュートです。

右：「いい家具は最初は高価でも、何十年も使えるので最終的には高くない気がします」。〈ウェグナー〉のCH23。〈クロロス〉で購入。中：キッチンまわりのブラシも木製。換気扇フードにかけて使いやすく。左：スウェーデンのデザイナーが手がけた〈ムート〉の照明。ソケットに専用の電球を付けるというミニマムなデザインです。

まとめ

北欧スタイル

北欧の家具やデザインが世界的に注目されるようになったのは、1950年代ごろから。日本でも何回かのブームを経て、今ではすっかり、ひとつのスタイルとして定着しています。

元々北欧は冬が厳しく、それゆえに長く過ごす室内を心地よく整えたいと、人々がインテリアに心をくだいてきたお国柄。あわせて世界的な競争力を高めようとデザインに力を入れてプロモーションしてきた国も多く、北欧はデザインの一大拠点になりました。

余計な装飾がなく、シンプルで機能的というのが、北欧家具の魅力。天然木を使うものが多く、ぬくもりを感じさせつつシンプルなデザインなので、和のものや限られた広さの日本の空間に合わせやすいというのも、人気を博している大きな理由のひとつです。また、製作されるようになってから、50年以上経っても作り続けられている、ロングセラーの名デザインが多数あり、いつまでも古びないということも、人気を後押ししています。

一方、家具だけでなく、照明、日用品、テキスタイルといったインテリアを盛り上げるアイテムも魅力的で、それぞれをきっかけに北欧スタイルのファンになる人が多いのも特徴。シンプルで機能的かつ、遊び心にあふれるもの、カラフルな色を取り入れたものなど、心を掴むアイテムが豊富です。

rule 1

[北欧デザイナーの家具]を取り入れる

なにはともあれ、知っておきたい北欧のデザイナー。とくに、フィンランドの〈アルヴァ・アアルト〉、スウェーデンの〈ハンス・J・ウェグナー〉、デンマークの〈アルネ・ヤコブセン〉は、60年以上も現行で作られ続けているような家具を多く生み出した巨匠たち。その家具は北欧スタイルのシグネチャー的存在になってくれます。

〈アルネ・ヤコブセン〉の〈セブンチェア〉。体のラインに沿う、成形合板による曲線が美しい。

〈ハンス・J・ウェグナー〉の〈Yチェア〉。クラフト的ぬくもりも魅力。（画像協力：アクタス）

〈アルヴァ・アアルト〉のスツール。これはリノリウム仕上げのタイプ。（画像協力：scope）

〈イルマリ・タピオヴァーラ〉の椅子。少し華奢なデザインで女性に人気。（画像協力：北欧家具talo）

棚受け金具が表に出ないシンプルデザインのシェルフは、白を選んで壁と一体化させています。〈イケア〉のもの。

rule 2

［ 壁のディスプレイ ］
を取り入れる

壁を飾るということに消極的な日本と比べて、雑誌などで紹介される北欧諸国のインテリアを眺めていると、壁にアートを飾ったり、棚を取り付けて雑貨をディスプレイしていたり、壁づかいに人を惹きつける要素があることに気がつきます。壁は目に入りやすい場所なので、小さなところから取り入れると北欧スタイルがぐっと身近に。

右：〈ストリング ポケット〉は奥行きが浅く、取り入れやすい棚。左：〈menu〉の半円モチーフのシェルフは複数設置すると壁に動きが出ます。

〈イッタラ〉の鉄の鍋は、取りはずせる木製の取っ手付き。映画『かもめ食堂』にも登場。

白樺の皮を使ったかごは北欧の手仕事のひとつ。ティッシュケースに転用した商品。

rule 3

［ 北欧の日用品 ］を取り入れる

機能的かつ、すぐれたデザインが見つかる北欧の日用品。それは20世紀初頭に起こったデザイン運動を皮切りに、北欧には日常生活に密着した日用品のデザインを重視してきた歴史があるから。日々使いながら、かわいさと使い勝手、双方の恩恵を感じられるので、暮らしにワクワク感をプラスしてくれる存在になります。

キャンドルスタンドや花器も絵になるデザインです。

rule 4
[色]
を取り入れる

日本ではあまり色を取り入れない傾向がありますが、北欧のインテリアには色は不可欠です。映画『かもめ食堂』の影響か、まず北欧のイメージカラーということで挙がるのが水色。また国旗で使われる黄色や赤なども、北欧らしい色とされています。雑貨など小さいものからが気軽ですが、壁1面にペンキを塗るか、色壁紙を採用するという手法で取り入れるのもおすすめです。

壁をペイントし、グレイッシュな水色に。1面を塗るだけでも空間に与える影響度大です。

ヴィンテージの布を切りっぱなしで縫い合わせたカーテン。別用途にも使い回せるいいアイデア。

ブランケットやクッションにも北欧らしいアイテム多数。

rule 5
[テキスタイル]
を取り入れる

カラフルでおおらかなデザインによって大人気となったフィンランドの〈マリメッコ〉をはじめ、北欧には魅力的なテキスタイルメーカーがいくつも。〈イケア〉のテキスタイルもほかにはない印象的なデザインのものが豊富で注目を集めています。クッションやファブリックパネルなどで、気軽に取り入れることができ、ぐっと北欧らしくなるのがうれしいアイテムです。

左の〈PH 5〉は存在感満点。右の〈Doo-Wop〉は近年復刻。両方ともルイス ポールセン社の照明。

rule 6
[照明]
を取り入れる

暗くて長い冬を心地よく楽しく過ごすために、北欧では照明を上手に取り入れながら、発達させてきました。天井から部屋全体を明るくのっぺり照らすよりも、テーブルを照らすペンダントライト、コーナーに奥行きをもたらすスタンドライトなどを組み合わせ、多灯づかいするのがおすすめです。シェードからもれる明かりや壁にうつる陰影なども楽しみます。

北欧スタイル向きのおすすめショップ

ヴィンテージ家具と同じ構造で作られた家具の取り扱いもあり。

元々靴職人のために作られたスツールは、長く使っても疲れにくい形。

ずらりと並ぶ、北欧をはじめとするトップブランドの家具たち。ゆったりと選べる雰囲気です。

アクタス 新宿店

家具＆雑貨だけでなく、食品、ボディケアアイテムまで揃い、暮らしそのものを豊かにしてくれるような提案を感じるライフスタイルストア。世代を超えて受け継がれる製品を扱っているので、おのずと北欧のものの割合が多くなり、敷地面積も広いので見応え満点です。ヴィンテージ品の扱いも。

http://www.actus-interior.com
東京都新宿区新宿２-19-１　BYGSビル１・２Ｆ
☎03-3350-6011　11：00〜20：00　不定休　そのほか全国に直営店、フランチャイズ店あり

北欧家具talo

神奈川県ののどかな場所にある倉庫に、ずらりと並ぶのは、デンマークやフィンランドから届いたヴィンテージの家具。年５、６回現地で買い付けをし、メンテナンス後販売しています。リペア前のストックも見せてもらえるので、たくさんの中から検討できるのもうれしいところ。食器、照明、ポスターなどの取り扱いもあり。

www.talo.tv
神奈川県伊勢原市小稲葉2136-１　☎0463-80-9700
10：00〜19：00　火曜定休

都心と違って、スペースもゆったりしているので、一度にたくさん見比べられます。

宝探し感覚で家具選びを楽しんで。ドライブがてらの訪問がおすすめ。

時を経て現行品にはない味を感じる、ヴィンテージの〈セブンチェア〉。

〈ニーナ・ヨブス〉のデザインによるクッションカバー。ハリネズミが人気。

〈ダンスク〉のホーロー鍋。黄色、水色など、北欧らしさを感じる色が魅力。

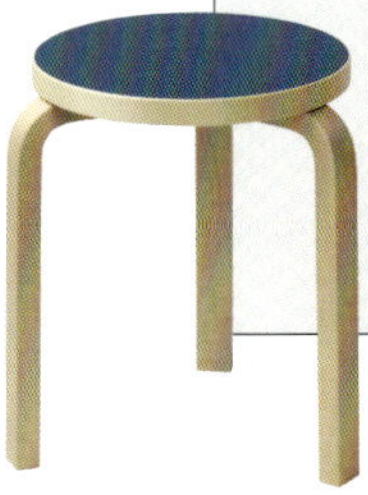

経年変化が美しいからと別注を決めたそう。全18色あり、迷うのも楽しい。

〈アルテック〉の名品〈スツール60〉。そのリノリウム仕上げのカラーバリエーションを〈scope〉が別注。完売が続くなど、大人気となったアイテムです。

scope

北欧好き、インテリア好きの間で絶大な人気を誇る〈scope〉は、ネットオンリーで営まれるショップ。独自のパイプを北欧の各メーカーと持ち、ここだけでしか買えない別注品や復刻アイテムが次々と登場します。北欧スタイルに合いそうな日本の器、雑貨、キッチンツールなども。商品紹介記事もオリジナリティにあふれ、美しい写真とともに、雑誌感覚で楽しめます。

www.scope.ne.jp
ネットショップのみで実店舗なし

フレンチシック

スタイルの作り方 rules

case 鈴木さん宅

rule
レンガ、タイルなどの素材感

rule
エレガントなライン

ローテーブルと、革のソファはアンティーク、メインのソファはモダンなものと、バランスよくコーディネート。暖炉は主張しすぎないシンプルデザインです。

テーブルは〈ネイチャーデコール〉のオフィスで使われていたものを譲り受けました。工業デザイン風な照明は米国の〈Restoration Hardware〉から取り寄せ。

エレガントさにシンプルシックをプラス。重厚すぎないフェミニンさが人気

海に近いリゾート地にフレンチシックスタイルの一戸建てを完成させた鈴木さん。駐在していたアメリカや旅先で、のみの市やインテリアショップを覗くのが好きで、ちょっとずつ雑貨を買い集め、インテリアのイメージを膨らませていたのだそう。何年も探したのは、好きなスタイルを実現してくれるパートナー。ようやくフレンチシックなデザインを得意とする建築設計事務所〈ネイチャーデコール〉と出会い、この家が完成しました。

子どものころからピアノに親しんできた鈴木さんは、先生がたのお宅の欧米的で重厚なインテリアになじんできたそう。「それが私のインテリアのルーツ。でも重厚すぎるのは今の好みではなく、かろやかさも大切にしました」。

インテリアの中で目を引くのは、歴史を感じさせる、ほどよく味わいのあるアンティーク家具。空間の主役として存在感抜群です。とはいえ分量が多すぎないのが、鈴木さん宅がフレンチシックスタイルに仕上がった理由。「リビングは、家族みんながくつろぐ場所だからやりすぎないことを意識しました」。黒やグレーといったシックな色を足したこともポイント。空間がフェミニンになりすぎず、バランスのいいインテリアに仕上がりました。

鈴木さん宅を設計・デザインした建築設計事務所：ネイチャーデコール　www.nature-decor.com

右：重厚なアンティークのテーブルに、〈エーロ・サーリネン〉がデザインした〈チューリップチェア〉を合わせました。〈ネイチャーデコール〉のアドバイスです。
左：横浜にある〈aje antiques〉で購入したチェスト。暮らしに必要な雑多なものを、生活感を消しつつ、引き受けてくれる頼りになる存在です。

上右：黒、グレーを取り入れているおかげもあって、鈴木さん宅は甘いだけのフレンチスタイルではなく、シックな印象に。上左：オリジナルで製作したキッチン。扉の面材には古材を貼り、アンティークな雰囲気をプラス。下右：アンティークの木製靴型を飾りつつ、ブックエンドに。下中：ボリューム感のあるローテーブルは〈ネイチャーデコール〉からの譲渡品。下左：雑貨を飾るときは、「全体のバランスをはかりながら」と鈴木さん。

長女の部屋の照明はシャンデリア。白アイアンを選んでいるのでやさしい雰囲気です。〈モビリグランデ〉で購入。

バレエシューズのイメージで製作してもらったクローゼットのカーテン。窓のカーテンとともに〈ロブジェ〉に依頼しました。

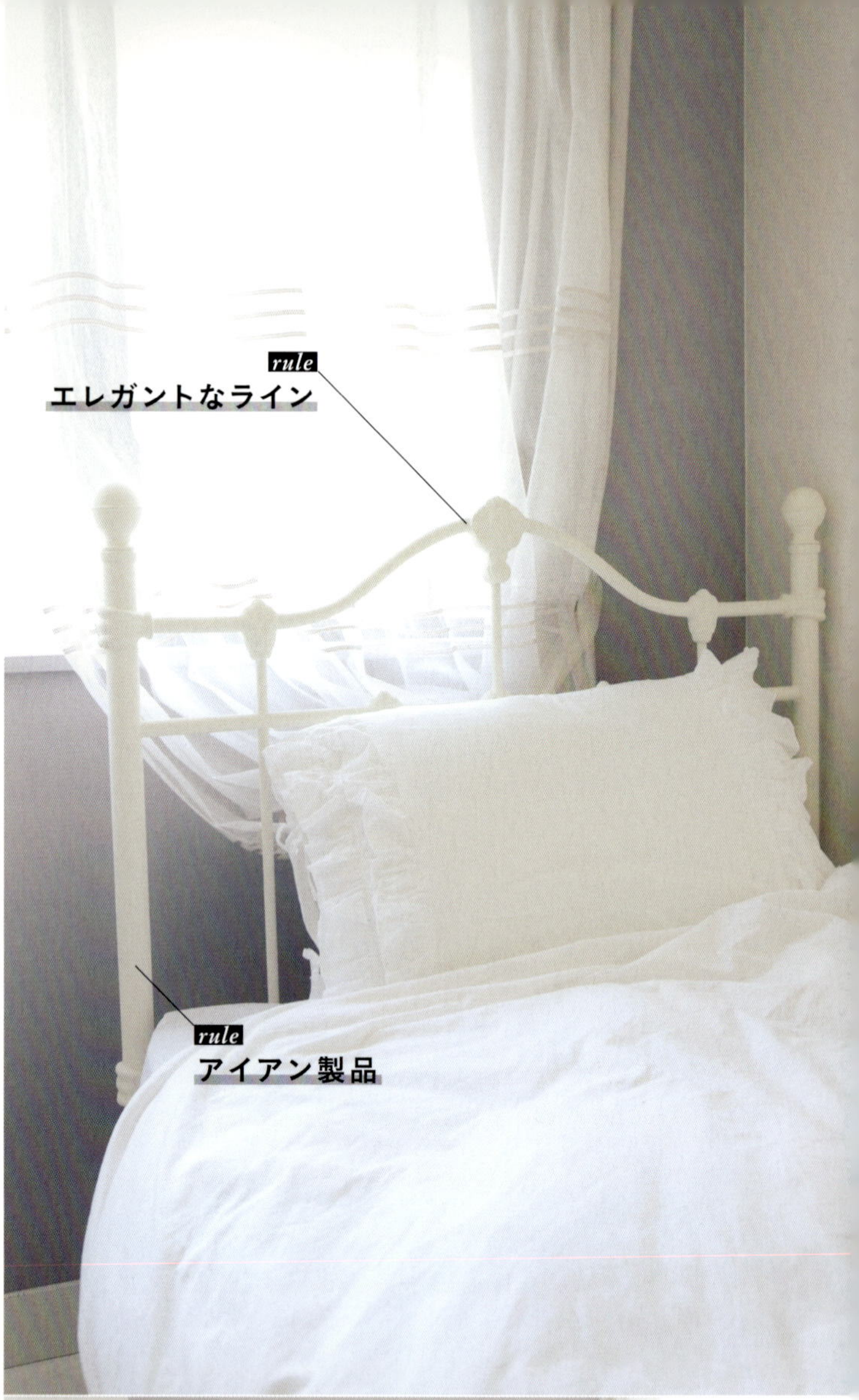

「中学生の娘の部屋は、彼女の好みもあってフェミニンさ全開です」。王道のフレンチスタイルで、夢のある空間。家具は〈ブランドジュリエ〉、〈デモデ〉などのネットショップを利用して購入しました。壁も１面だけペールトーンのパープルに。

お気に入り&ディテールコレクション

右：階段のところに採用した照明。アンティークのものだそう。1灯ではなく2灯なのがおしゃれです。中：リビングの収納の扉はオリジナルで作ってもらったもの。フランスなどで使われる金具を利用しています。ここまでディテールにこだわると空間の質が上がります。左：リビングの上は吹き抜けになっているので、大型のシャンデリアを。

右：〈aje antiques〉で購入した味わいのあるアンティークの扉を、玄関ドアとして採用しました。中：天井から吊るしたグリーンのおかげで目線が上がり、いいアクセントになっています。左：洗面所のパーツ類もフレンチシックにふさわしいたたずまい。シンクトップには黒を採用して、空間を引き締めました。

右：脚のある雑貨に惹かれるという鈴木さん。キャンドルもフレンチシックスタイルに欠かせないアイテムのひとつです。中：長女の部屋にドライのあじさいを。鈴木さんが買ってくると、自分の部屋にも飾りたいとデスクの前に。センスが受け継がれています。左：吹き抜けの柵に採用したのはスチールの管。無骨さを少しだけプラス。

まとめ

フレンチシック スタイル

フレンチとの名前から分かるように、フランスのインテリアからインスピレーションを受けているスタイルです。古くて味のある、アンティークの家具やインテリアアイテムを取り入れ、白やオフホワイト、ペールカラー、グレイッシュカラーなどを使って、やさしく、エレガントに仕上げます。

ここではフレンチシックの名前で紹介していますが、アメリカの人気スタイリストが名付けてブームになった〝シャビーシック〟や、〝フレンチカントリー〟なども同系列のスタイルととらえることもできます。

優美な曲線を取り入れた家具や雑貨、照明、そしてボリューム感を持たせたファブリック類でエレガントさ、フェミニンさを表現。とはいえ、シックと名前が付くだけあって、フリルやレースを多用した、いかにもなフェミニンスタイルや、細工の細かい、あめ色のアンティーク家具で重厚にまとめるヨーロッパのスタイルとは一線を画し、シンプルなタッチを加えることも多くなっています。その分、かろやかな雰囲気になり、伝統的なヨーロッパスタイルよりも日本の住宅や日本人の好みに合いやすく、人気が出てきました。

フランスでは、伝統的に石やレンガなどが建物に使われているので、そういった素材感を随所にプラスするのもこのスタイルの共通項です。

ところどころはがれたペンキが、味わいをかもし出しています。グレイッシュな色もこのスタイルらしさです。

ブッチャーテーブルだったフランス製のアンティーク家具。グレーがかった色が魅力。（画像協力：モビリグランデ）

rule 1

［ 味わいのあるアンティーク ］を取り入れる

フレンチシックスタイルの核をなすのが、アンティークの家具。使い込まれた味を感じるものをひとつ置くことが、このスタイルへの近道です。濃いあめ色になった、重厚で格調高いイギリスアンティークではなく、もう少しかろやかなデザインで、ちょっとペンキのかすれた雰囲気のある家具のほうがこのスタイルらしく仕上がります。

アンティークの、ひとりがけの革ソファは、フレンチシックな空間のアクセントにぴったりです。

rule 2

［ エレガントなライン ］を取り入れる

優美さ、フェミニンさはこのスタイルに欠かせない要素。曲線が空間にやわらかさを足してくれるので、ラインに注目して家具やインテリアアイテムをセレクトするのがポイントです。ひとつあるだけでぐっと空間が盛り上がるシャンデリアはフレンチシックの一押しアイテム。そのほか、家具の脚、ソファのアーム、雑貨などで曲線を取り入れるといいでしょう。

脚に曲線があるだけでも、空間にやわらかさをプラス。

シャンデリアは、明かりのついていないときの存在感も魅力です。ひとつあるだけでフレンチシックスタイルが身近に。

rule 3

［ レンガ、タイル、石などの素材 ］を取り入れる

フランスの住まいでは、昔からあたりまえに使われてきたレンガ、タイル、石などの素材。フレンチシックスタイルでは、つるつるピカピカのものより、それぞれの素材の質感が感じられるようなものが似合います。キッチンやサニタリールームの床に採用したり、リビングダイニングのアクセントとして壁に使ったりするのもおすすめ。

グレーの石タイルをヘリンボーンに貼ったキッチンの床の事例。フランスっぽいシックさがプラスされます。

黒、グレーのタイルはフレンチシックを引き締めます。

洗面所の床に石を使うのも一案。この事例は、伊豆石。

rule 4

［モダンな要素］を取り入れる

すべてをアンティーク＆デコラティブなものばかりにすると、日本の空間ではトゥーマッチな印象になりがち。適度にモダンやシンプルなものをプラスして、バランスを取るとかろやかな印象になり、フレンチシックスタイルらしくなります。曲線と直線を意識してミックスさせたり、黒、グレーといった色で空間を引き締めたりするのも、全体のバランスを取る効果あり。

右：傘立ては置くだけでOKなので取り入れやすいアイテム。（画像協力：モビリグランデ）左：シャンデリアの形のキャンドルホルダーをテラスの天井に吊るした事例。ニュージーランドで購入したもの。

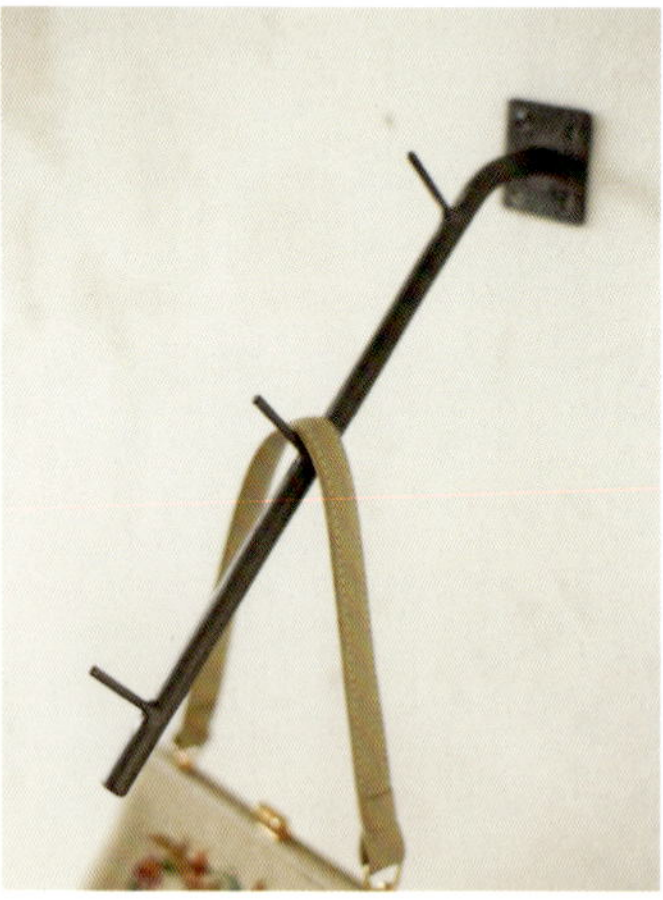

鉄の質感が魅力。（画像協力：オルネ ド フォイユ）

rule 5

［アイアン製品］を取り入れる

ヨーロッパではアイアンで家具や装飾品を作る技術が古くからあり、エレガントなデザインのものが多く見つかります。エクステリアでよく使われますが、インテリアアイテムにも豊富。カーテンポールや階段の手すりなどで取り入れるのも一案ですし、ミラー、キャンドルスタンド、照明など、工事が不要なアイテムも見つかります。白、グレーにペイントしたものにも注目を。

rule 6

［たっぷりした布づかい］を取り入れる

優雅さ、優美さが信条のフレンチシックスタイルなので、たっぷりとドレープを取るようなファブリックづかいが似合います。また、布ならではのやわらかさが空間にぬくもりもプラスしてくれます。重すぎる印象を与えないよう、光をきれいに見せてくれるようなファブリックを選ぶとフレンチシックスタイルらしくなります。

美しい透け感とドレープ。（画像協力：サラグレース）

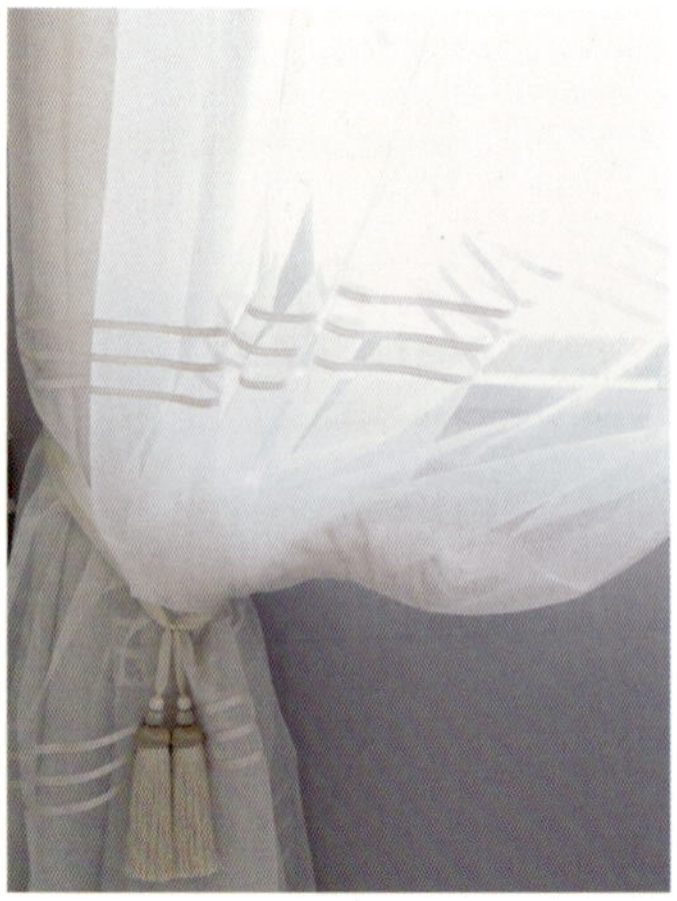

ボリュームがあると、タッセルでまとめたときも優雅。

フレンチシックスタイル向きのおすすめショップ

エレガントな雰囲気になる、猫脚の椅子はひとつは取り入れたいアイテム。

まるでパリにあるショップのようなイメージを再現しているファサード。

家具は白か、サラグレースで〝フレンチグレー〟と名付けるやさしい色合いのグレーのものが中心。

サラグレース

思わずため息がもれそうなほど、統一された世界観でフレンチシックを体現したショップ。白やグレーを基調にしたアンティーク家具、またはそのスタイルを踏襲してデザインされた、輸入家具やオリジナル家具が並びます。ずっと長く使えるアイテムばかり。食器、ファブリック、インテリアアイテムも豊富です。

www.sarahgrace.co.jp
東京都港区南青山６-13-25　南青山ＴＭビル１Ｆ　☎03-6419-7012　11：00〜19：00　不定休　そのほか東京・自由が丘、銀座に店舗あり

モビリグランデ

大阪の住宅街にある3階建ての路面店。250坪という見応えのある広さの店内には、フランスをはじめとする海外から輸入された家具、雑貨が並びます。アンティーク、アンティーク加工をした無垢の家具、自然塗料で仕上げた家具など、使い込むほどに味わいの増すことを意識した商品群。家具、照明、カーテンまでトータルに揃います。

www.mobilegrande.com
大阪府池田市満寿美町11-20　☎072-751-4701　10：00〜18：30　火曜定休(祝日の場合は営業)　そのほか西宮阪急内に店舗あり

広い店内はコーナーごとに雰囲気を変えてコーディネートされているので、イメージが広がります。

テラスではコーヒーの無料サービスがあり、のんびりとインテリアの世界にひたれます。

ディテールまでぬかりなくフレンチシックスタイルを再現するのに役立つ、フックやノブなどＤＩＹパーツが多く見つかるので、小さなところまでこだわれます。

フランスへのこだわりを随所に感じる店内。什器や建具にもアンティークを使用しています。

オルネ ド フォイユ

フランス在住経験が長いオーナーが、パリ郊外の家をイメージして作った雑貨＆インテリアショップ。〈アスティエ・ド・ヴィラット〉の食器をはじめとした、フレンチシックスタイルを盛り上げてくれる雑貨、照明、ＤＩＹパーツが見つかります。家具は目黒にある姉妹店〈ボワズリー〉に。

www.ornedefeuilles.com
東京都渋谷区渋谷２-３-３　青山Ｏビル１Ｆ　☎03-3499-0140　11：00〜19：30(日曜・祝日〜19：00)　月曜定休(祝日の場合は営業)　そのほか東京・目黒、吉祥寺に姉妹店あり

アジアン

スタイルの作り方 rules

case Tさん宅

ダイニングテーブル＆椅子をはじめ、ベースとなる家具は、すべてダークブラウンをセレクト。グリーンやアジアンファブリックが映える落ち着いた雰囲気です。

ピクチャーレールを使って、ウッドレリーフを壁に飾りました。オリエンタルなデザインでアジアらしさが一気にアップ。モダンなデザインの照明がアクセントに。

リゾートのくつろぎ感をお手本にした
モダン＆かろやかなアジアンスタイル

結婚を機に2LDKのマンションで新生活をはじめたTさん夫妻。入居にあたり家具選びも同時にスタートさせました。ふたりともアジアを旅するのが好きというだけあって、「アジアンリゾートでリラックスしているような雰囲気にしたい」と部屋づくりへの思いはすぐに一致したそう。

入居までの間、さまざまなショップに足を運んだ結果、ふたりのイメージにぴったりだったのが、〈a.flat〉というショップの家具でした。「アジアンテイストといっても素朴すぎず、モダンな雰囲気。マンション暮らしにも合うサイズ感や、すっきりとしたデザインが決め手になりました」。

いわゆるこてこてのエスニックというより、リゾートホテルのような洗練された空間が好みだったTさん夫妻にとって、まさに理想のショップだったといいます。「家具からファブリックまで、ひとつのショップでトータルコーディネートしたことも正解でした。自分たちだけではここまで統一感を出すのは難しかったと思います」。

共働きで毎日忙しく過ごしているTさん夫妻にとって、この部屋でくつろぐ時間は、まさに癒しのひととき。遊びに訪れる友人たちにも「リラックスできる」「ほっとする」と評判です。

Tさんが家具を購入したショップ：a.flat　http://aflat.asia

上：大ぶりな花が印象的なジャガード織りのベッドスプレッドも〈a.flat〉で購入。海の中を思わせるような深いブルーに一目ぼれしました。左：ローボード上のディスプレイは妻の担当。ココナッツリーフのトレイに、貝殻、ヒトデなどをあしらって。下：植物モチーフのラグがパッと目をひくリビング。「今後は、季節によってファブリックの色を替えて楽しんでみたいです」。ウォーターヒヤシンスを編み込んだソファは、いちばん最初に購入を決めたお気に入りの家具です。

お気に入り＆ディテールコレクション

右：ラタンで編まれた照明は、東京・自由が丘のショップ〈カラコ〉のもの。手ごろな価格のアジアン雑貨が豊富なので、よくチェックしているそう。中：木製の壁飾りは、フィリピンを訪れたときに購入。左：夫の実家から譲り受けたキリム。壁に飾ることで、織りや柄がより引き立ち、まるでアート作品のように見えます。

右：夫の父が製作したというステップ台を白にペイント。グリーンなどを飾るディスプレイ棚として使っています。中：〈カラコ〉で購入した造花のブーケ。棚にポンと置くだけでアジアな雰囲気に。左：ガラスの器にプルメリアの造花を浮かべて。リゾート風の造花は、手軽なのでディスプレイに大活躍しているとか。

右：器も部屋の雰囲気に合うものを少しずつ集めています。ポットは〈アクタス〉、プレートは〈カラコ〉、ほかはバリ島で購入。中：熱海の温泉街でたまたま目についたという陶器の一輪挿し。左：寝室の照明は〈a.flat〉で。薄くスライスしたブナ材を重ね合わせたユニークなフォルムが特徴。木肌からもれ透ける光がきれいです。

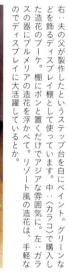

まとめ

アジアン スタイル

アジアンとは、元々アジア各地に伝わる伝統的な家具や織物をインテリアに取り入れたスタイルのこと。最近は、アジア的な素朴さと洗練された上質感、この二つの要素をあわせ持つ「リゾートホテル風」のインテリアをアジアンスタイルと呼ぶことが多くなりました。バリやタイなど、現地の高級リゾートホテルの雰囲気を自宅で再現したいという人が増えてきています。

そんなアジアンスタイルを実現するには家具選びが重要。木や植物など自然素材をふんだんに取り入れながらも、ラインはあくまでホテルライク、シンプルですっきりとしたデザインのものを選びましょう。部分的に植物で編まれた家具なら、さらにアジアらしさをかろやかに表現できます。東南アジア原産の高級木材であるチークをはじめ、濃い色目の家具で揃えるのも、ホテルの高級感を演出するポイントです。

モダンで洗練された空間に、アジアンファブリックや観葉植物、手仕事の雑貨、木や石のレリーフなどでプリミティブなぬくもりをプラス。この絶妙なバランスがアジアンスタイルを作り上げる秘訣といえます。

旅行者がリゾートホテルに求めているような「リラックス」「癒し」「上質感」がキーワード。日常の喧騒を忘れさせてくれるような、くつろぎ度の高い空間を目指しましょう。

rule 1 ［植物編み］を取り入れる

リゾートホテルでよく見かけるのが、ラタンやウォーターヒヤシンス、バナナリーフなど植物で編まれた家具。もともとは亜熱帯地方で風通しのよさを求めて作られたものですが、自然素材のぬくもりと素朴さが感じられる、アジアンスタイルに欠かせないアイテムになりました。かごをはじめ、バンブーやアタなど植物で編まれた雑貨もアジア的な雰囲気を盛り上げます。

右：ウォーターヒヤシンスを編んで、背とアームに。上：インドネシアで育つパンダンリーフで編まれたダストボックス。(画像協力：a.flat)

熟練した職人が手仕事で編むことが多いのだそう。

rule 2 ［アジアンファブリック］を取り入れる

かすり風の織物や手紡ぎのシルク、染め布など、織りや柄が多彩なアジアのファブリックは、このスタイルにあたたかみを添える重要な存在。テーブルやチェストの上に敷くだけで即アジアンテイストに。アートのように壁にかけて楽しむのもおすすめです。西＆中央アジアの織物・キリムもこのスタイルと好相性。まずは手軽なクッションカバーからアジアの布を取り入れても。

アジアンファブリックをテーブルランナーにしてもおしゃれ。(画像協力：KAJA リゾートファニチャー)

インドネシアの織物・イカット。(画像協力：KAJA リゾートファニチャー)

植物と同色のグリーン系は取り入れやすく、おすすめ。

rule **3**

［アースカラー］を取り入れる

木々や大地の色であるベージュ～ダークブラウンを基調にアースカラーでまとめるのが、アジアンな色づかい。ファブリック類は、自然を感じさせる落ち着いた色味を選びましょう。グリーン系でまとめれば、森林にいるかのような癒しの空間に。海や空を思わせるブルー系は涼しげな印象、レッド＆オレンジ系なら、あたたかみのある雰囲気を演出してくれます。

レッド系コーディネート。（画像協力：a.flat）

rule **4**

［大きめのグリーン］を取り入れる

木々に囲まれた自然豊かなリゾートを演出するのにグリーンは欠かせません。葉が大きく、肉厚で緑が濃いものがベスト。南国由来のヤシ系植物をはじめ、ストレリチアやオーガスタ、手に入りやすいものでは、パキラやモンステラもこのテイストに合います。鉢は、雰囲気を損ねないシンプルなデザインのものか、植物編みや陶器などぬくもりを感じる素材がおすすめです。

大きな葉が南国らしさをかもし出します。

アジアンスタイル向きのおすすめショップ

a.flat 目黒通り本店

上：リラックス感が得られるよう、床に近い暮らしを意識したロータイプの家具が充実。下：ラタンで編まれた〈ケイ・ローソファ〉はソファの売れ筋商品。

洗練されたアジアンモダンの家具はどれもオリジナル。日本の住環境に合ったサイズで、すべてのソファ・椅子のカバーは着脱できるなど、機能性も兼ね備えています。インテリアコーディネートのサービスも好評で、家具配置の相談も気軽にできます。

http://aflat.asia
東京都目黒区中根１-14-15　☎03-5731-5563
11：00～19：00　水曜定休（祝日の場合は営業）
そのほか東京・新宿、大阪に支店あり

KAJA リゾートファニチャー 吉祥寺本店

「リゾートのように暮らそう。」がコンセプト。インドネシアの職人によるオリジナルの家具・雑貨が揃います。チークの古材や無垢材を使ったプリミティブな質感の家具が人気です。イベントスペースでは、ワークショップや作品展なども開催。

www.kaja.co.jp
東京都武蔵野市吉祥寺本町２-２-８　KAJA Bld.
☎0422-23-8337　11：00～20：00　無休　そのほか東京・調布に支店あり

上：1階には雑貨、2階にはシーン別にアイテムを展示。左：ダイヤ柄のレリーフが入ったチーク材のコンパクトなチェスト。

モダン

スタイルの作り方 rules

case TUULIさん宅

グレーのソファは〈モーダ・エン・カーサ〉で購入。素材やデザインが違うクッションカバーも、カラートーンを揃えれば、自然とまとまりが生まれます。

窓際には建築家、〈エーロ・サーリネン〉がデザインした〈チューリップテーブル〉と、〈パントンチェア〉を置き、読書やお茶を楽しむカフェスペースに。

クールなモノトーンで統一。
洗練されたスタイリッシュな空間

モノトーンを愛好するカリスマブロガーとして絶大な人気を誇るTUULIさん。白×黒×グレーのみでつくりあげる「モノトーンインテリア」は、モダンスタイルのひとつとしてすっかり定着していますが、モノトーン愛好家の中には、TUULIさんの影響を受けたという人が少なくありません。「モノトーン好きの歴史は長く、今のように流行する前からずっとこのスタイルですから、かなりの筋金入りですね」と笑うTUULIさん。

11年前にマンションを購入。65㎡、2LDKの一般的な住まいとは思えない、スタイリッシュで洗練された空間が広がります。TUULIさんのモノトーンインテリアの歴史の中でも、色の配分は少しずつ変化しているそうで、今はグレーやシルバー、白が多めの、かろやかかな雰囲気が好みだとか。

モノトーンに統一していますが、グリーンや雑貨がセンスよく配置されているため、無機質な感じはなく、ほどよい静けさと居心地のよさに包まれています。また、つねに収納や持ちものを見直し、意識的にものを減らす努力をしているというTUULIさん。色やものを厳選したからこそ得られるミニマルな心地よさが、モダンインテリアの目指すところなのかもしれません。

TUULIさんのブログ
『シンプルモダンインテリア?』
http://blogs.yahoo.co.jp/tuulituulituuli

右：近年リノベーションしたという白が基調のキッチン。日用雑貨はすべてキッチンカウンター下の引き出しにしまっています。左：飾り棚は〈イケア〉で購入したウォールシェルフに黒の合板シートを張って取り付けたもの。シルバーのオブジェ、セメント製の花器は、〈ボーコンセプト〉で購入。

右：グラフィックデザイナーとして自宅で仕事をするTUULIさん。クロゼットの扉をはずして机を入れ、ワークスペースとして改造しました。椅子は、カルテル社の〈マウイチェア〉をチョイス。左：壁には〈イケア〉のステンレス製の棚を取り付け、文具やファイルを収納する場所に。ファイルのラベルは、TUULIさんがデザインしたものです。

ベランダに置く予定だったという屋外用の〈イケア〉の棚。サイズも雰囲気もぴったりだったので、カフェスペースに置くことにしました。シルバー素材とグリーンとの対比がおしゃれな雰囲気をかもし出しています。

右：カウンター上に出しておくものは、調味料など使用頻度の高いものだけに限定。中：紅茶の茶葉や調味料類は、白のキャニスターに入れ替え、ラベリングをして収納。存在感のある家電は、すっきり見える白を選んでいるのだそう。左：天井までの大型収納棚は、リノベーションの際に真っ先に要望したもの。扉付きにもかかわらず、ディスプレイするように食器を収めているところにTUULIさんの美学を感じます。

グレーのグラデーションでまとめられた寝室。サイドテーブル代わりに置かれたアルミのトランクは〈ザ・コンランショップ〉にて購入。中には寝具やカバー類を収納しています。

洗面所は清潔感のある白がテーマカラー。少しでも広く感じられるよう、棚や雑貨は透明感のあるガラス製のものに。コスメもパッケージがすてきなものを厳選。

クロゼットは扉をはずしてブラインドに変更。収納ボックスはグレー、ハンガーは白＆シルバーに統一しています。「見せる収納」を意識しているだけあってまるでブティックの一角のような雰囲気です。

お気に入り&ディテールコレクション

右：シルバー小物で統一されたメイクコーナー。ハンド型のオブジェはアクセサリーも収納できて便利。中：ガラス×セメントの組み合わせがクールな花器は〈ボーコンセプト〉で購入。左：ワークスペースの壁に〈イケア〉のマグネットバーを取り付けました。包丁や調味料を収納するものですが、こまごまとした文具を整理するのにぴったり。

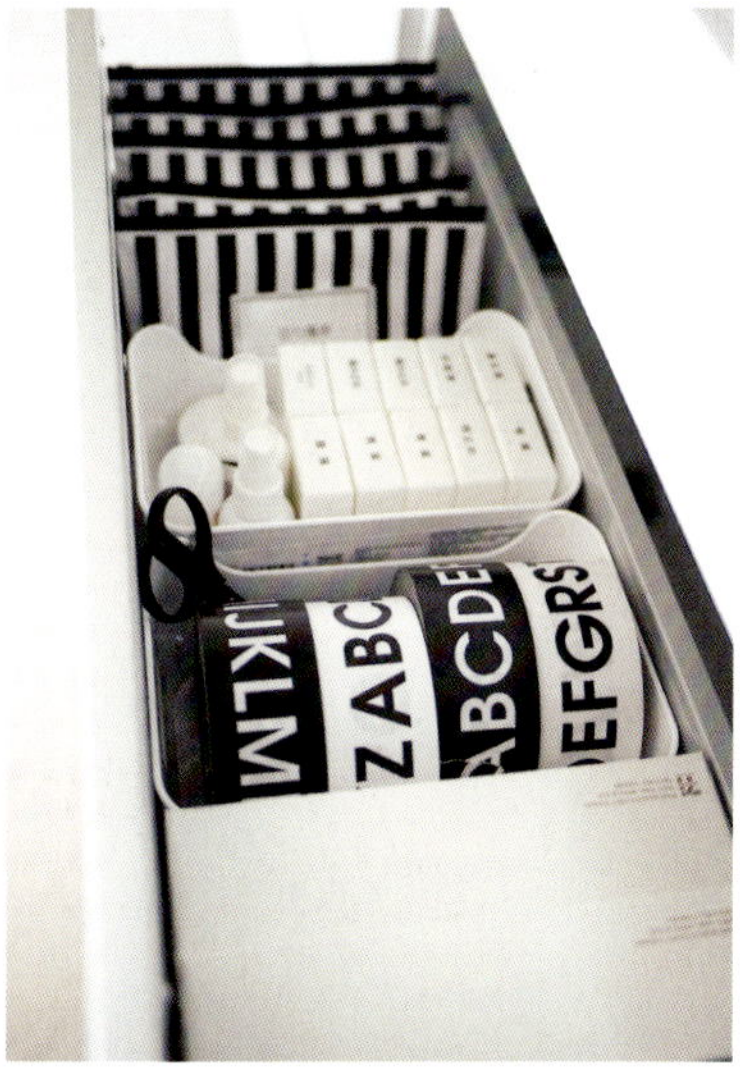

右：寝室のアルミのトルソーは、オブジェとしてだけではなく、小物をかけておく場所としても活躍。中：ファッションブランド〈ディーゼル〉と〈セレッティ〉がコラボしてデザインされた食器。工具や歯車をモチーフにしたという形がユニーク。左：引き出しの中もモノトーンですっきりと。ポーチや白いケースには薬類を用途別に収納。

右：ツリー型コートハンガーに電球を吊るして。光を灯せば、木の影が壁に映ってアートな雰囲気に。中・左：TUULIさん宅のグリーンは、なんとすべてフェイク。手入れが簡単なだけでなく、飾る場所を選ばないので、ディスプレイに取り入れやすいのが魅力だとか。モノトーンと好相性なのは、葉が小さめのものと感じているそう。

モダン スタイルの作り方 rules

case 川西さん宅

rule
直線的なライン

壁の造り付け収納の色を、上はナチュラル、下はホワイトとあえて違った色にしているのがおしゃれ。床につけず宙に浮かせているので、かろやかな印象です。

ダイニングテーブルと椅子は〈アルフレックス〉で購入。テーブルは、シンプルでありながら薄い天板×存在感のある脚がモダンを感じさせるデザイン。

シンプルで上質な家具を厳選。清潔感あふれる明るいモダン

白やベージュを基調にした、光あふれる気持ちのいい住まい。小さなお子さんがいるとは思えない、すっきり片づいた空間に、シンプルモダンな家具が映えます。マンションを新築で購入した川西さん。ご主人の書斎や収納スペースが欲しかったこともあり、オーダー家具を含めたインテリアコーディネートを〈ホームデザイン〉に依頼することにしました。

「はじめにイメージしていたのは、黒い革のソファが置いてあるような男性的なモダンスタイルでした」というご主人。ところが、まず購入を決意したのは〈アルフレックス〉で出会ったベージュの布張りソファ。洗練されたデザインなのに、クールすぎないそのたたずまいに一目ぼれ。このソファの雰囲気に合う空間にしたいとプランを進めていったといいます。

リビングの壁収納、書斎の収納棚と机は、スペースにぴったり合うようにオーダー。モダンスタイルを追求するなら、空間をすっきり見せるオーダー家具やシステム家具の導入は選択肢のひとつといえます。

スタイリッシュさの中に、色や素材でナチュラル感がプラスされているので、明るくかろやか。清潔感あふれる今どきモダンスタイルが完成しました。

川西さん宅をインテリアコーディネートした会社：ホームデザイン　www.home-d.co.jp

モダンスタイルとよく合う縦型のバーチカルブラインドをセレクト。シャープな光のラインがシンプルな家具を引き立ててくれます。

リビングの造り付け収納と同様、書斎のオーダー家具も2色づかいに。モカブラウン×白の組み合わせがおしゃれな雰囲気。収納力もたっぷりあります。

光が降り注ぐリビングは家族のくつろぎの場所。「プロの方にトータルにお願いできたのもあり、住み心地はとてもよく、満足しています」。

お気に入り&ディテールコレクション

右：リビングの壁の飾り棚。家族の写真やグリーンなど、飾る場所はここだけと決め、すっきり感を保っています。中：寝室はグレーやブラウンを取り入れ、ホテルライクな雰囲気に。左：玄関の壁材は、調湿効果などが高い〈エコカラット〉に。壁にモダンな表情が生まれるだけでなく、結露や臭いを抑えてくれる機能性も魅力だったそう。

右：シンプルな空間だからこそ、グリーンや花が際立って見えます。中：エレクトロラックス社の掃除機〈エルゴラピード〉。スタイリッシュなデザイン家電なら、出しっぱなしでも雰囲気を損ないません。左：子どもの椅子は〈トリップトラップ〉のホワイトウォッシュを選択。白とナチュラルの中間のようなカラーがこのお宅にぴったり。

右：本や書類、プリンタなどがすっきり収まった書斎の棚。あらかじめ入れるものを考えたうえで作れるのがオーダー家具のメリット。中：LDKの扉をルーバータイプに。「風通しもよく、デザイン性も高いので変更して正解でした」。左：リビングの造り付け収納の左側は引き出し式。上下2段にして収納力&使い勝手をアップさせました。

モダンスタイル

近代において、これまでになかった新しい素材、技術、デザインなど、現代的な要素を取り入れたインテリアスタイルを、モダンと呼んでいます。1950年代前後に流行した〝ミッドセンチュリーモダン〟はその代表格。当時の新素材であったプラスチックや積層合板（プライウッド）を使って、斬新かつデザイン性の高い家具が次々と発表されました。

また、上質な天然皮革、ガラスやスチールなどを多用し、ミニマルで近代的な家具を多く生み出してきた〝イタリアンモダン〟もこのスタイルの象徴ともいえる存在です。

モダンスタイルを作り上げる核となるのは、シャープですっきりとしたラインの家具と、無駄な装飾のないシンプルな空間。間《ま》や余白に美を見出す、「引き算の美学」がモダンの神髄といえます。美術館やギャラリー、シティホテルの多くがこのスタイルなのも、空間にほどよい緊張感と静けさを感じさせてくれるからでしょう。

最近では、シャープで硬質的なモダンスタイルをベースに、白やナチュラル色、メタリックカラーを多めに取り入れたクリア&カジュアルなモダンも よく見られるようになってきました。空間を広く感じられるため、マンションや狭小住宅でも人気の高いスタイルのひとつになっています。

rule 1

［シックな色づかい］を取り入れる

クールでスタイリッシュなモダンスタイルを実現するには、白、黒、グレーの無彩色を中心に、茶色やベージュといった色味を抑えたシックな色でまとめるのが基本。スチールやガラスをプラスするとモダンらしさがさらに際立ちます。モノトーンのみでまとめればシャープに、茶系を取り入れると、穏やかな落ち着きが生まれます。

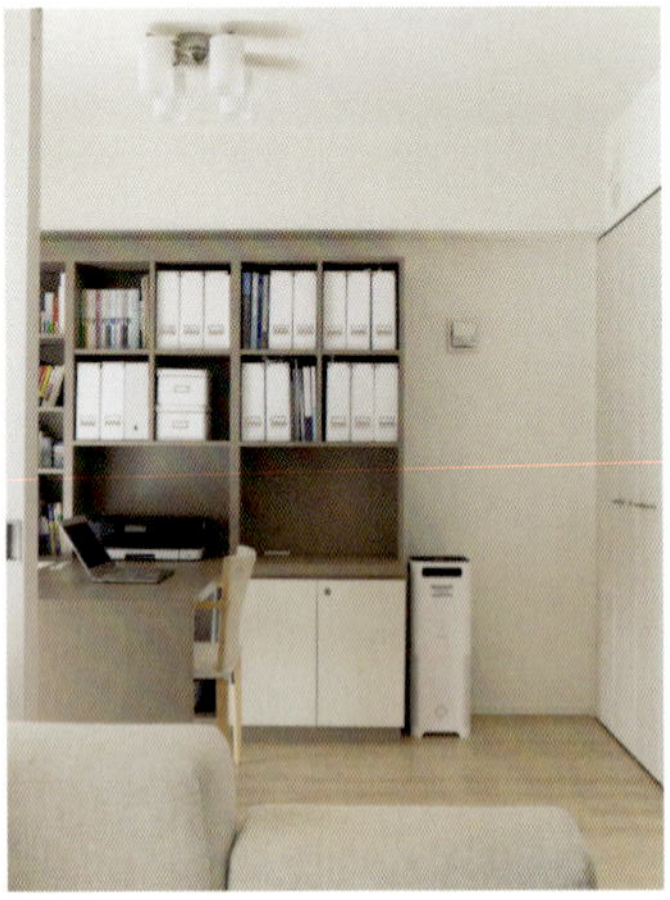

モカブラウン×白の組み合わせが明るくさわやか。

グレーはクールでありながら、かるさも感じられるカラー。

ダークブラウンをメインにコーディネート。ホテルライクな雰囲気に。（画像協力：ホームデザイン）

直線の美を極めた、ミニマルなデザインのキャビネット。(画像協力：TIME & STYLE)

rule 2
［直線的なライン］を取り入れる

直線的なライン＆フラットな面は、モダンを構成する重要な要素。ベースとなる家具は、装飾の少ない、すっきりとしたデザインのものを選びましょう。また、窓まわりをブラインドにするのもおすすめ。大きな面に直線を取り入れることで、よりスタイリッシュな空間に。このシンプルなベースがあってこそ、デザイナーズ家具やアートが映える空間ができ上がるのです。

縦型のバーチカルブラインドは、その垂直のラインが部屋をよりシャープに見せてくれます。

rule 3
［美的収納］を取り入れる

すっきり＆シンプルが基本のモダンスタイルにとって、最大の敵は〝生活感〟。ものが多く、ごちゃごちゃとしていては、このスタイルは成り立ちません。生活感の出やすいものはできるだけ扉の中に隠して。洗剤や調味料などは、統一した容器に入れ替えるなど、出したままでも雰囲気を損ねない〝美的収納〟を心がけます。

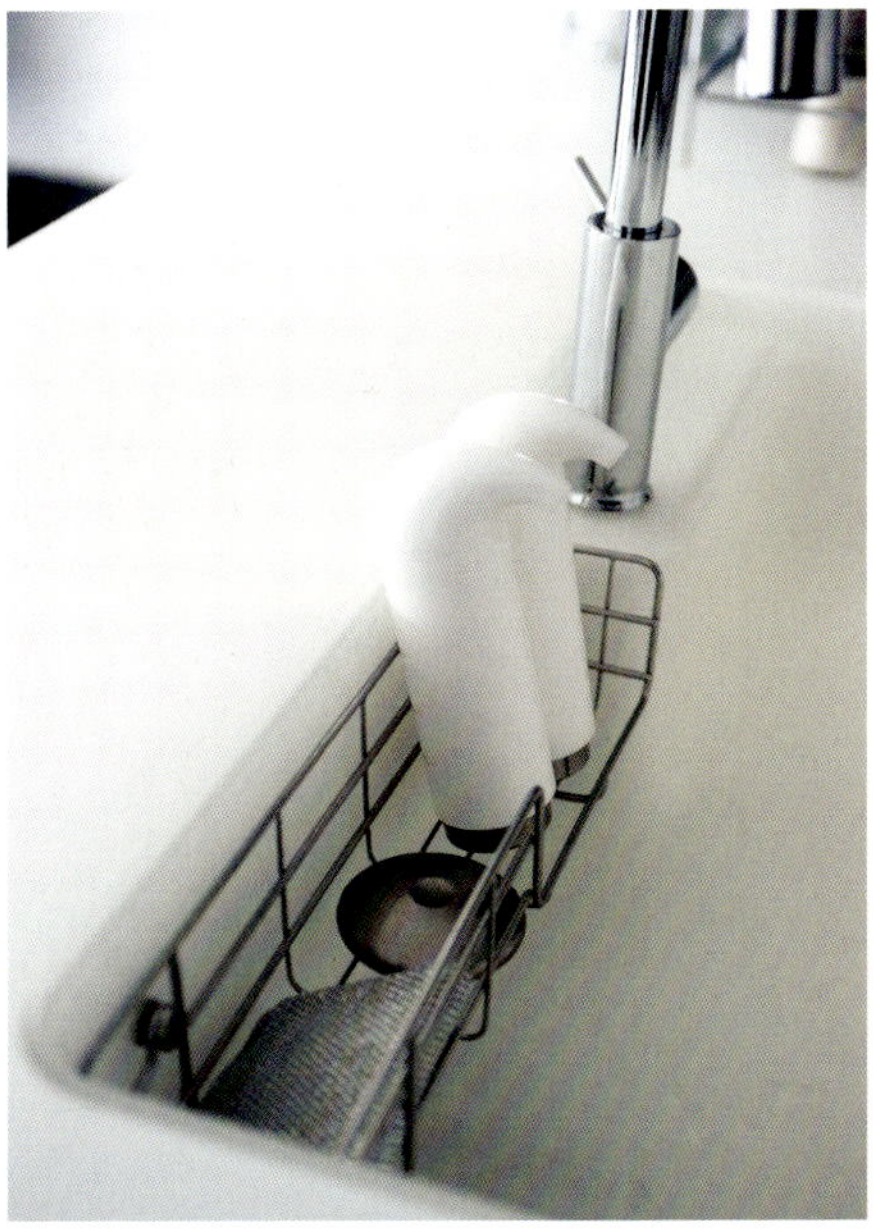

シンクまわりも必要最小限のものだけに厳選。洗剤を入れたディスペンサーは〈エバ ソロ〉というブランドのもの。

キッチンカウンターの上は頻繁に使う家電のみに。

パッケージがカラフルな洗剤類は白い容器に入れ替えて。

rule 4

［人工的な素材］を取り入れる

ステンレスやスチール、アルミなどの金属類をはじめ、コンクリート、ガラス、プラスチックなど、むらがなく均一的に仕上がる人工素材がモダンスタイルとベストマッチ。硬質でクールな質感が、よりスタイリッシュな空間へと導いてくれます。かろやかな抜け感がほしいなら、ワイヤーを使った家具もおすすめ。モダンでありながらカジュアルな雰囲気が演出できます。

モダンでかろやか。
（画像協力：カッシーナ・イクスシー）

ステンレス製のペンダントライト。クールな光を放ちます。

rule 5

［デザイナーズ家具］を取り入れる

世界初のプラスチック一体成型の椅子〈パントンチェア〉。

20世紀の名だたるデザイナー、建築家が生み出した家具は、モダンテイストのアイコン的存在。機能的な美しさ、遊び心のあるフォルムが主役級の存在感を放ち、ただそこにあるだけで、モダンな空気に包まれます。椅子やソファでは存在感がありすぎると感じるなら、有名デザイナーが手がけた照明をポイント的に取り入れても。

フランスの建築家、ル・コルビュジエがシャルロット・ペリアンらとともにデザインしたソファ〈LC 3〉。黒革×スチールがストイックで威厳のあるたたずまい。（画像協力：カッシーナ・イクスシー）

rule 6

［アート性の高い雑貨］を取り入れる

無機質になりがちなモダンテイストの空間に、ほどよいアクセントを与えてくれるのが、アート性の高い雑貨たち。抽象的な形のオブジェや現代絵画、文字をデザインしたタイポグラフィーなど、コンテンポラリーアートを思わせる雑貨を置いて、ギャラリーのような雰囲気を楽しみましょう。ガラスや金属など人工的な素材のものなら、モダン感がさらにアップします。

最近人気の高いアルファベットモチーフのオブジェを。

モノトーンの絵画は取り入れやすく、空間になじみます。

モダンスタイル向きのおすすめショップ

ポリウレタン製のシートが描く曲線とアルミフレームとの組み合わせが美しいチェア〈エル〉。

重さ1.7kgという〈スーパーレジェーラチェア〉。

店内にはニューヨーク近代美術館に所蔵されている名作家具も多数並びます。

カッシーナ・イクスシー 青山本店

近代建築の巨匠による名作を多く扱う、イタリアンモダン界のトップブランド〈カッシーナ〉と、洗練されたデザインに定評のあるオリジナルブランド〈イクスシー〉の融合ショップ。家具から雑貨まで独自の美意識で世界中からセレクトされたアイテムたちはモダンスタイルのお手本に。

www.cassina-ixc.jp
東京都港区南青山２-12-14　ユニマット青山ビル１～３Ｆ　☎03-5474-9001　11：00～19：30　不定休　そのほか名古屋、大阪、福岡などに支店あり

アルフレックス ショップ東京

イタリア生まれ日本育ちのモダンファニチャーブランド〈アルフレックス〉。オリジナル家具を中心に、ファブリックからアートまでトータルにコーディネートできます。長く使うことを考え、家具のアフターケアに力を入れているのも、老舗ショップならではの、うれしいポイントです。

www.arflex.co.jp
東京都渋谷区広尾１-１-40　恵比寿プライムスクエア１Ｆ　☎03-3486-8899　11：00～19：00　水曜定休　そのほか名古屋、大阪などに支店あり

グリーン、照明、アートなどを用い、人の暮らしが感じられるディスプレイがされています。

座り心地をとことん追求した〈アルフレックス〉を代表する定番ソファ〈エー・ソファ 10〉。

なめらかな曲線が美しいチェア〈アルカ〉とラウンド型のテーブル〈ボルド〉。

装飾をそぎ落としたシンプルなデザインのフロアランプ〈オットー〉。

ガラスの引き戸を用いたキャビネットは、東洋と西洋の融合がデザインテーマ。

200坪のゆったりとした店内には、リビング、ダイニング、寝室とシーン別にアイテムが並びます。

TIME & STYLE MIDTOWN六本木

「日本人特有の美意識を再現する」というコンセプトのもと、スタイリッシュなオリジナルの家具が揃います。家具はすべて日本の職人によって作られており、その質の高さには定評あり。オーダー家具や造作の収納家具にも対応してくれます。

www.timeandstyle.com
東京都港区赤坂９-７-４　東京ミッドタウン ガレリア３Ｆ　☎03-5413-3501　11：00～21：00　無休　そのほか東京・新宿、東京・二子玉川などに支店あり

カフェ

スタイルの作り方 rules

case Fさん宅

rule 見せる収納

rule アイコンになるソファ

壁面に取り付けた、雑誌や本の表紙を見せながら飾るラックがカフェ感を盛り上げます。ソファは実際のカフェでもよく採用されている〈カリモク〉。

rule 無骨&工業的デザイン

rule 絵になるカウンター

取りはずせなかった柱に黒板&マグネット塗料を塗り、写真を貼ったり、絵や文字を描いたり。あえてスポットをあてることでデメリットを長所に。

rule
タイポグラフィ

rule
無骨&工業的デザイン

右上：コンクリートの壁に直接ペンキを塗り、電気は露出配管に。そのラフさがカフェっぽさ。ダイニングテーブルは〈宮崎椅子製作所〉の〈MMテーブル〉。左上：長い廊下の壁には、収集しているポスターフレームなどを貼りはじめたところ。「少しずつ増やしてギャラリーのようにしたい」とFさん。右下：ワインのラベルやショップカードが貼ってあるレストランをまねて、デザインが気になったラベルをカウンター横の柱にぺたぺた。左下：骨董市で買った、明治時代のガラス棚。飾り棚兼収納に活用しています。古いものをさりげなくミックスしているところもカフェっぽく感じさせます。

rule
中古のアイテム

実際は、カウンターで食事をとることはほとんどないそうですが、空間の主役としての重要な役割を果たしています。

好きなものを積み重ねていったら、自然とカフェスタイルの空間が完成

もともとFさんがインテリアに興味があり、独身時代から大阪にある〈TRUCK〉の家具が好きだったことからはじまった、カフェスタイルのインテリア。とはいえ、あえて目指したわけではなく、好きなものをいろいろ集めていったら、本書の考えるカフェスタイルにぴたりとはまるお宅ができ上がったというのが、本当のところ。

まず目に入るのは絵になるカウンターや、カフェ的アイコンである〈カリモク〉のソファ。そして、見せる収納です。このままの内装のカフェが、どこかにあってもおかしくない、そんな気持ちにさせられます。

「僕は、基本的に見た目から入るタイプなんです」とFさん。中古マンションを購入して、自分たち好みのインテリアにすべく、リノベーションを考えたときも、好きと感じる事例がたくさんあった〈エイトデザイン〉に依頼することに迷いはありませんでした。

あとは、好きなものを伝え、好きなものを選んでいく作業です。雑誌や、レストラン、カフェのインテリアがいろいろなヒントになっているそう。〝好きなもの〟にこだわるのは、どのスタイルも共通ではありますが、とくにカフェスタイルは、ミックスされたラフさが大切なので、自分の〝好き〟と向き合ってこそ完成する空間。Fさん夫妻は、ぶれずに成し遂げました。

Fさん宅をリノベーションした会社：エイトデザイン　http://eightdesign.jp

ちょっとレトロなイメージのある有孔ボードをキッチンの壁に取り付け、ずらっとキッチングッズを引っかけ収納。まさにカフェの厨房のような雰囲気です。

お気に入り&ディテールコレクション

右：陶のシングルハンドルが付いた蛇口を手洗いに採用。トイレのディテールまでこだわるのもカフェらしさ。中：植物を楽しむインテリアが流行っていますが、なかでもビカクシダ（コウモリラン）は、最注目グリーン。照明のダクトレールから吊っています。左：黒板なので、書いて消せるのが便利。毎月のカレンダー&予定を。

右：ダイニングの椅子はあえて揃えず、2種類を混ぜました。手前が〈宮崎椅子製作所〉、奥が〈カリモク〉。中：カウンターにはジグザグカクタスを置きました。〈エイトデザイン〉が運営するグリーンショップ〈ハチグリーン〉にて購入。左：コンロのそばの壁にはスパイス棚を。すぐ手が届いて便利です。同じ瓶で揃えると美しい。

右：知人にオーダーして作ってもらったスチール製の棚。工場で使われているような無骨な雰囲気がこの空間によく合います。中：トイレの扉に付けたドアノブと開閉が分かるサイン付きの鍵。左：取り除けない梁で頭をぶつけないよう、頭上注意のシールをデザインして付けてもらいました。マイナスポイントを楽しくする、遊び心が粋です。

カフェスタイルの作り方 rules

case Kさん宅

カウンターには、日本の古い食器棚を採用。造り付けではなく、将来的には模様替えも楽しめるよう、置いただけ。偶然ぴったりサイズだったそう。

とある店でこのソファに座ったら、あまりの心地よさに驚き、そこで〈TRUCK〉のことを知ったそう。「その世界観にぐいっと引き込まれました」。

昭和の雰囲気がある机と引き出しに天板を付けてつなげ、ふたりが並べるコーナーに。「子どもたちや夫がここで作業します。リビングに机、すごくいいですよ」。

新築なのに、〝新しくない感じ〟を目指したら
家族全員がほっとできるカフェ的空間に

家を建てるにあたって、ほぼ決定していたハウスメーカーの提案にどうしても納得できなかったKさん。キッチンだけでもと、〈ピーズサプライ〉に相談にいったら、自分たちの予算でも建てられることが分かり、依頼を決定。それまでの伝わらないストレスから解放されて、ようやく自分たちが思い描く空間作りがはじまりました。

「新しいのに、新しくない感じ。ピカピカじゃないものに囲まれていたい」というのが、Kさんのいちばんの要望で、カフェっぽさへのこだわりはなかったそう。とはいえ、〈TRUCK〉のソファを置くことを念頭にプランニングしたうえ、〝新しくない感じ〟を生み出している中古の家具はカフェっぽさを想起させるアイテム。また、ちょっと空間を引き締める役割をするインダストリアル（工業的）なデザインが好きだったこともあり、自然に〝男前感〟のあるカフェスタイルへと突き進むことに。「北欧スタイルも好きなので、ときにミックスしそうになったのですが、ぶれないようにデザイナーさんが上手にひっぱっていってくれたのも大きかったと思います」。スタイルを意識して空間を作ることの大切さを教えてくれるエピソードです。

おかげで、大好きなソファについ家族全員が集まってしまうような、くつろげるカフェ的空間になりました。

Kさん宅を設計・デザインした会社：ピーズサプライ　www.ps-supply.com

右上：置いている食器棚は２台。キッチン側はカウンターとして使えるよう、天板を付けてリメイクしてあります。左上：洗面所は紺色がかった黒のタイルで仕上げました。引き出し収納を作ると高価なので、箱だけ作ってもらい、取っ手をつけて引き出しとして使えるように。右下：デスク横にはニッチを付け、本や雑貨が飾れるコーナーに。左下：カウンター上には愛犬のペットフードが。容器を揃えて並べれば、カフェっぽい見せる収納に。

「マンション時代、順番に靴を脱ぐのを待つ感じがイヤで」、広く作った玄関。3方向から上がれるので家族が一斉に家に入れます。昭和の懐かしい家の雰囲気。

お気に入り&ディテールコレクション

右：リビングドアには、チェッカーガラスを採用。よく触るところが汚れてくるのも、この家だからこその味わいなのであえてそのままに。中：スイッチプレートはアメリカのもの。スイッチ部分は白も選べますが、この家には黒がぴったり。左：「近所の雑貨屋で見つけた」という時計。やはり黒を選び、他の雑貨と雰囲気を合わせました。

右：洗面所の床は、昔の小学校の床のようなフローリング。「リビング全体に張りたいくらい気に入ったのですが、予算などの関係で洗面所だけに」。中：〈アートワークスタジオ〉のポストを玄関外に。この色が気に入って、玄関ドアの色も決めたそう。左：トイレの取っ手と鍵もカフェライク。開閉の分かる鍵は〈シュラーゲ〉のもの。

右：キッチンの窓辺で生き生きと育つペペロミア。グリーンもカフェスタイルに欠かせないアイテムのひとつ。中：愛犬サラちゃんも、〈TRUCK〉のソファが大好き。左：キッチンの壁にはニューヨークの地下鉄駅で使われた〈サブウェイ セラミックス〉のタイルを。手作業で作られることによるゆがみが独特な凹凸を生み、味わい深く。

カフェ スタイル

１９９０年代後半くらいにはじまったカフェブーム。雑誌でカフェ特集も多く組まれ、話題になりました。人気の秘密はいろいろあれど、センスのいいインテリアもその理由のひとつです。バブル期のような、いかにもデザインに力の入れた内装とは違い、ゆるさが信条でした。中古家具が使われていたり、古い建物の壁や建具をあえて味わいとして生かしたりと、力の抜けたラフさが、当時人気のあったカフェの共通項。そのおかげで友人のおうちを訪ねたかのような居心地のよさが生まれたうえ、店主の好きなものが前面に出ていることによる親近感も多くの人を引きつけました。そんな内装や雰囲気を自宅でも再現したいという流れが、カフェスタイルの発祥です。

街にあるカフェも千差万別でいろいろなスタイルがあるのと同様、インテリアのカフェスタイルもある意味定義がないともいえます。でも、まずはがんばりすぎないラフさ、ゆるさを意識することが、このスタイルらしさを作ります。住まい手の〝好き〟を前面に出し、居心地がいいと感じることを優先することも大切です。

合わせてカフェでよく見かけるアイテム、絵になるカウンターや無骨で工業的なデザイン、アイコンになるソファなどをプラスしていくと、自分なりのカフェスタイルが完成します。

rule 1

[絵になるカウンター]を取り入れる

カフェといえば、カウンター。自宅でのカフェスタイルにも欠かせません。作業台としてのカウンターは、キッチンの作業性を高めてくれるので、実用的にもおすすめです。飲食できる形にしなくてもＯＫ。造り付けである必要もありません。置き家具でも雰囲気を作ることができ、役割を果たすので、空間の主役を意識してしつらえて。

レトロな雰囲気のあるカウンター。エスプレッソマシーンを置いて、マグカップを並べれば、それだけでカフェ的風景。（画像協力：unico）

無骨さを感じるデザインで、見せる収納も可能なワゴンをカウンターに。一台置けば一気にカフェらしく。（画像協力：クラッシュゲート）

カウンター椅子を置いて、ここで食事をとる形にしても。

rule 1

［無骨&工業的デザイン］を取り入れる

躯体のコンクリートに直接ペンキを塗って仕上げた例。電気配管も隠さず、デザインとして見せます。

〈笠松電機製作所〉の照明をダイニングテーブルの上に。

ピカピカと美しくデザイン的に仕上げるというよりも、自然体なラフさを重視するカフェスタイル。工場で使われているようなインダストリアルな雰囲気のある照明、棚など、無骨なものを選ぶ傾向にあります。壁の仕上げもコンクリートをむき出しにしてペンキを塗る、配管を隠さず、あえて見せるなどの手法もカフェっぽさを生みます。

海外のバスの行き先表示で使われていたバスロールサイン。タイポグラフィの魅力を存分に味わえるので人気です。大きなポスターのようなイメージで飾ります。

文字で構成されたデザインポスターをフレームに入れて。絵や写真だけを飾るより締まります。

rule 3

［タイポグラフィ］を取り入れる

タイポグラフィとは活字のこと。そんな文字デザインをインテリアに取り入れるのがいろいろなスタイルで流行中です。なかでも、カフェの看板やメニュー、注意書きなどを想起させるせいか、カフェスタイルとは相性抜群。筆記体や曲線の多い飾り文字ではなく、シンプルで力強いブロック体、ゴシック体を選ぶといいでしょう。ポスター、ステッカー、ロゴなど、選択肢も豊富。

公共の場で使われるNo Smokingのサインで、さりげなくタイポグラフィを取り入れても。

rule 4
［見せる収納］を取り入れる

カフェのカウンターに同じグラスがずらりと並んでスタンバイしている風情や、厨房にキッチンツールが壁に吊り下がっている様子などにぐっとくることってありませんか？　無造作だけど乱雑ではなく、使いやすい状態。そんな収納が〝見せる収納〟です。デザインにこだわったツールを揃えることで、自宅にも応用可能。

使い勝手がいいのも見せる収納の魅力。

調味料や食材は袋から出して同じ保存瓶に。

〈カリモク〉のソファは、まさにアイコン。

〈TRUCK〉のソファはカフェスタイル好きのあこがれ。

rule 5
［アイコンになるソファ］を取り入れる

街のカフェにはちょっとゆったりできるソファコーナーがあることも。本を読んだり、友人とおしゃべりしたりと長い時間を過ごせ、カフェの心地よさを体現している場所でもあります。そんなコーナーを意識して自宅のリビングをしつらえて。カフェスタイルっぽくするためのソファは、飾りけのないラフさを感じるもの、そして自分が好きと感じ、居心地がいいものがおすすめ。

rule 6
［中古のアイテム］を取り入れる

ブーム時代の人気カフェでは、アンティークというほどではないけれど、ちょっと昔懐かしいたたずまいの古家具や古雑貨がよく使われました。予算をおさえるという意味合いもありましたが、それが独特のカフェのムードを作ります。その発想が自宅のインテリアにも持ち込まれ、古道具店やのみの市などのアイテムも、自然とミックスされるようになりました。

小学校の椅子の座面を生かし、リメイクされたスツール。

古い食器棚のレトロな味わいがカフェっぽさを生みます。

カフェスタイル向きのおすすめショップ

素材感を生かした無垢のナラ材とスチールの組み合わせ。円形テーブルがカフェ空間に合いそう。

〈ミナ ペルホネン〉に依頼して作ったオリジナルの生地を張ったソファ。

高い天井に大きな窓。気持ちのいい光の入る空間に〈TRUCK〉の世界観を感じます。

TRUCK

カフェスタイル好きのお宅に伺うと必ず名前の挙がる人気店。無垢の木を使って、大阪の工房で作られる家具はすべてオリジナルで、新品でもすでに使い込まれたようないい味わいを感じさせます。ていねいに作られたクオリティの高い仕上がりも人気の理由。〈TRUCK〉が作り上げる心地いい世界観に惹かれるというファンの声も多し。

https://truck-furniture.co.jp
大阪府大阪市旭区新森 6-8-48　☎06-6958-7055
11：00〜19：00　火曜・第 1 & 3 水曜定休

unico代官山

リーズナブルでありつつ、日本の暮らしにあった機能性、デザイン、サイズなどを細やかに追求した家具が見つかるショップ。さまざまなスタイルがありますが、落ち着きのあるメンズライクなデザインや、ユーズド風の家具も得意で、ラフさを表現したいカフェスタイルにぴったり。ファブリック、照明、雑貨なども豊富です。

http://unico-lifestyle.com
東京都渋谷区恵比寿西 1-34-23　11：00〜20：00
☎03-3477-2205　不定休　そのほか北は札幌、南は鹿児島まで各地に店舗あり

〈ホクストン〉シリーズは、インダストリアルとモダンのミックスがデザインテーマ。

上：ソファダイニングを提案する〈ワイス〉シリーズのコーディネート。下：店内は部屋をイメージできるコーナーが作られていてインテリアの参考になります。

ラウンジチェアのように使えるベンチタイプのソファや、カフェスタイルのアクセントになりそうなアイアンとレザーを組み合わせたスツール。

オリジナルとセレクトの品の割合は6：4くらい。雑貨、グリーンなども揃います。

カフェスタイルの気分が盛り上がる店内。什器として使用されている棚や照明も販売しています。

クラッシュゲート
自由が丘店

〝多種多様なジャンルを組み合わせることで生まれるギャップやユーモアのある空間〞をテーマに展開するインテリアショップ。あるべき形を決めず、住まい手の個性が出せるような暮らしを提案しています。雑貨の取り扱いも多数。

www.crashgate.jp
東京都目黒区自由が丘 1-8-21　MELSA自由が丘part1　2F　☎03-6421-1742　11：00〜20：00
不定休　そのほか仙台、東京・吉祥寺、神奈川、名古屋、大阪、広島、岡山、福岡に店舗あり

Part 2

間取りから暮らしを考える

目指すべきスタイルを決めただけで、そのまま家具購入に突入するのは、先を急ぎすぎです。その前に自分たちが住む空間で、どんな風に暮らすのかを考える必要があります。暮らしを想像しながら間取り図と向き合うことで、選ぶべき家具と家具配置が決まります。収納や動線も同時に考えて、快適な暮らしを手に入れましょう。

動線と収納が暮らしやすさを決める!

間取り図 4つのルール

rule **1**

間取り図内で部屋やコーナーの役割を決める

Emiさんの収納アドバイスの中で、まず告げられるのが、このルール。キッチン、リビング、寝室など、役割は決まっているのでは？と思うかもしれませんが、意外にできていないと感じる家が多いのだそう。「部屋の役割があいまいな状態で暮らしをはじめると、同じ場所にまとめたほうがいいものが家のあちこちに点在してしまい、暮らしにくくなります。そのうえ持っていることを忘れて、再度買ってしまうという無駄も生じます」とEmiさん。

例えば、寝室のクロゼットに洋服を収納してみたものの、入りきらないからと、別の部屋のクロゼットも活用。結果、2カ所に洋服がある状態になり、毎回、「どっちにある？　どっちに片づける？」という迷いが生じます。これこそが部屋の役割があいまいだったことによって起こる不具合です。

「みなさん、間取り図に書き込まれている〝記号〟に惑わされている気がします。例えば、間取り図のクロゼットのところに服をイメージさせる記号があり、ハンガー用のポールが付いているという理由で洋服を収納してしまう。でも、自分たちの暮らしに合わなかったら、そこに洋服をしまわなくていいんですよ」

つまり、役割を決めるときには、間取り図の記号や、こうするのがあたりまえ的な思い込みを捨てるのが大切。あくまでも〝自分たちの暮らし〟に合わせ、食べる、くつろぐ、寝る、着替える、遊ぶなどの役割を決めていくといいでしょう。

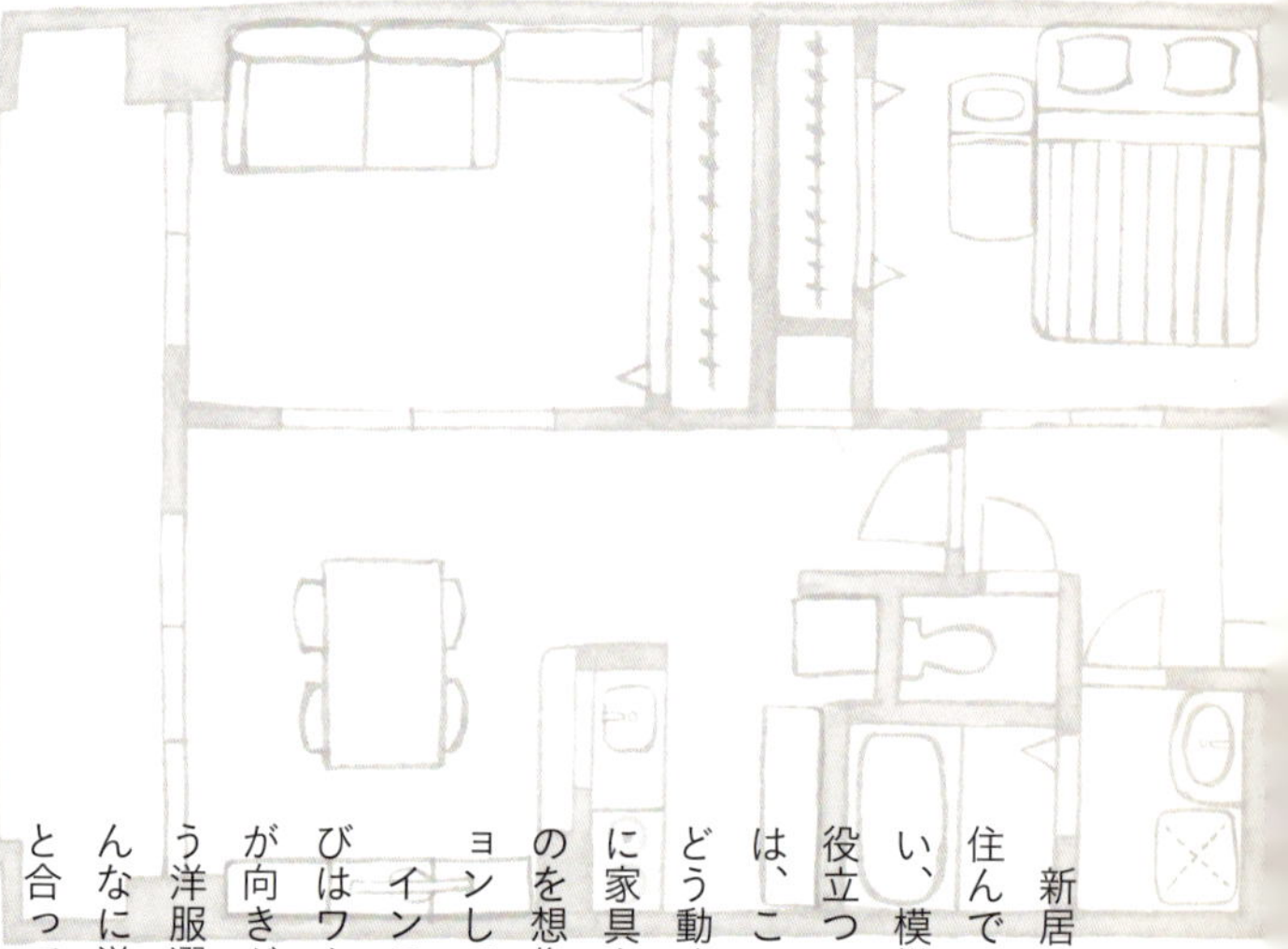

新居に引っ越すときはもちろん、今住んでいる家のインテリア改革をしたい、模様替えをしたいというときに、役立つのは間取り図です。自分と家族は、この家の中でどんな暮らしをし、どう動くのかを考えながら、間取り図に家具を描き入れたり、収納すべきものを想像したりしながらシミュレーションしていきます。

インテリアのスタイルを作る家具選びはワクワクするので、最初に気持ちが向きがち。これはファッションでいう洋服選びに似ています。つまり、どんなに洋服がすてきでも、体にきちんと合っていないと、きれいに着こなせないのと同じで、間取り図でのシミュレーションを経ずに家具を買ってしまうと、自分たちの暮らしに合わず、暮らしにくいという失敗も起こりえます。洋服と違って、途中で違うと感じても簡単には変えられないので、さらに困りもの。だから、自分たちの暮らしにあった家具、家具配置のシミュレーションが大切なのです。

大きな家具を部屋をまたいで移動させるような模様替えは大変なので、新居に入るときに行うのがベストなタイミング。でも引っ越さずに暮らしを変えたいというときは、思いきって間取り図に立ち返って自分たちの暮らしぶりを見つめるとよいでしょう。

ここでは4つのルールを整理収納アドバイザーのＥｍｉさんに伺いました。家具選びや模様替えの前に、間取り図とじっくり向き合ってみることで、今後の暮らしがぐっと居心地よく、快適になります。あわせて次のページからは、ルールにもとづいて具体的な間取り図の中でのアイデアを4つのケースでご紹介します。

rule 2

生活時間や暮らしのスタイルを考える

インテリアスタイルとは別に、もうひとつ重要なのが暮らしのスタイルです。家族のそれぞれが、どんな時間帯にどんなふうに過ごすのかをはっきりさせることで、重視すべき空間が分かり、買い揃えるべき家具も決まります。

「例えば、共働きのカップルで、日中はほとんど家におらず夜遅く帰ってくる。そして休日はベッドでごろごろしながらくつろいでいる。そんなスタイルの暮らしなら、寝室を北側の狭い個室に押し込む必要はなく、思いきって広いリビングダイニングを寝室にするという方法もありますよね」とEmiさん。また、食事は床に座っているほうがくつろげるという人なら、ダイニングテーブル＆椅子を持つ必要はなく、その分、リビングを広く、そしてローテーブルを大きいものにするという選択肢があります。

家を設計した、見ず知らずの人が考えた暮らしのスタイルに、自分たちの暮らしを合わせる必要はありません。「家をひとつの箱ととらえ、柔軟に住みこなす。そんな気持ちで間取り図と向き合うといいですよ」とのEmiさんのアドバイスです。

rule 3

暮らしの動線を間取り図に描き入れてみる

rule 1で決めた役割に沿って、とりあえず間取り図に家具を描き入れてみます。そして、次にするのは、そこに家具があると仮定すると、自分たちはどんなふうに動きながら家の中で活動するかを、シミュレーションすること。

家に帰ってきたら、まずバッグを置く（置き場所は？）、洗面所でうがい＆手洗い（タオルの予備はここに置ける？）、クロゼットに移動して着替え、洗濯するものを洗面所のランドリーバスケットに（あれ？　行ったり来たりになる……）。という具合に、行動パターンを間取り図に書き込んでみると、無駄な動きに気がついたり、よりよい収納場所を思いついたり。たくさんの発見があります。

「帰宅時だけでなく、出かけるとき、洗濯するときなどの動線もあわせて考えます。とくに洗濯動線は重要で、ここをしっかり考えておくことで、乾いた洗濯物がずっとソファの上に置かれているというような状態を回避できますよ」。家が片づかないのは、収納が少ないからではなく、動線が悪いからという可能性もあります。だから間取り図の上で動線を確認しながら、今の部屋の役割のままでいいのか、もう一度考えてみると、実際の暮らしが快適に変わるはずです。

「自分の動線だけでなく、夫や子どもの気持ちになって、それぞれの動線を考えるのも忘れないでくださいね」

rule 4

家具とあわせて収納計画を立てる

「家具を購入するとなったら、ダイニングセット、ソファなどから選びがちですが、収納についても忘れてはいけません。収納がきちんと考えられていないと、ダイニングテーブルの上や、ソファまわりがいつも片づかない状態になってしまいます」。たしかにそれでは、どんなにインテリアスタイルにこだわっても残念な状態です。

Emiさんが提案するのは、〝情報ステーション〟という暮らしの雑多なものをどこか１カ所に集められる場所を設けること。家電の取り扱い説明書や保証書、保険関係の書類、手紙＆ＤＭ、学校関係の書類、写真、レシピ、裁縫道具、ＤＩＹ用の工具、文房具、たくさんのコード類……。ひとつひとつはたいしたことがなくても、集まるとかなりの量なので、家具計画を立てるときに専用の場所をしっかり設けておくことが、散らからない部屋を作ります。

「どこかのすき間に入れればいいやと考えると、結局、いろいろなところにものが分散し、探すのも片づけるのも大変。１カ所にまとめてあれば、あそこを探せばいいと、家族全員が分かるので、『あれ、どこ？』と聞かれることも減ります。家のどこからもアクセスのいい場所、必ず通る場所に決めることもポイントです」

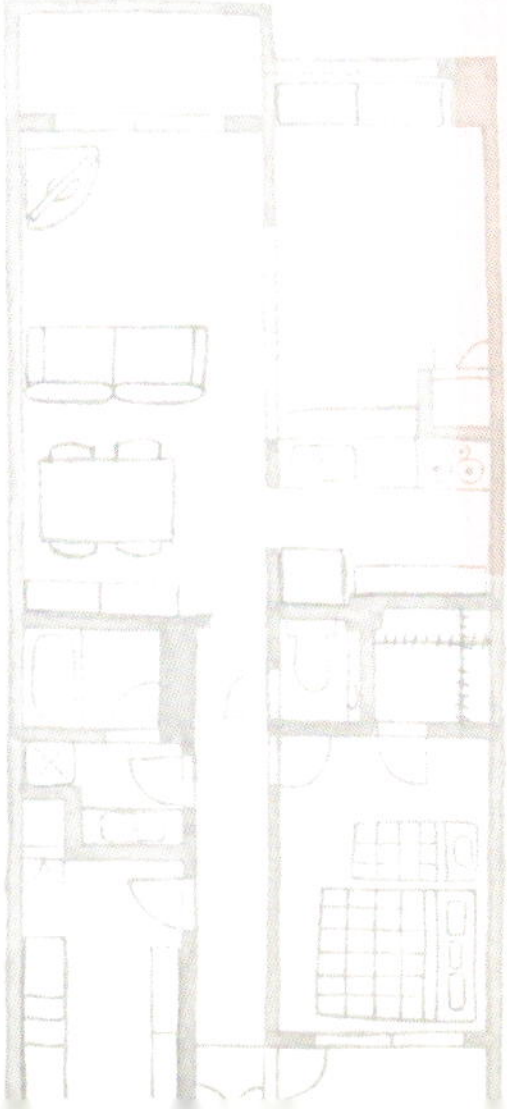

2DK（40㎡くらい）2人暮らしのケース

［ 20代後半、共働きのカップル ］［ それぞれ実家から引っ越すので、家具はこれから買う ］［ 床で食事をするのは苦手 ］
［ ソファを置きたい ］［ ふとんにするか、ベッドにするか迷っている ］

靴棚を兼ねた情報ステーション 靴棚がない間取りなのでオープンラックをたたき横に設置。下に靴、上に暮らしに必要なものを収納し、情報ステーションに。

食べる＆料理する

結局、個室①で食べているなんてことにならないよう、しっかりくつろげるダイニングセットと、収納力のある棚がマスト。

本やCDはリビングに

くつろぐ場所のそばに、くつろぐときに必要なものを。ここを情報ステーションにするという手もあり。

くつろぐ＆遊ぶ

ふたりでゆったりくつろげるよう、ソファを設置。食事はダイニングでするので、ローテーブルは置かないことに。

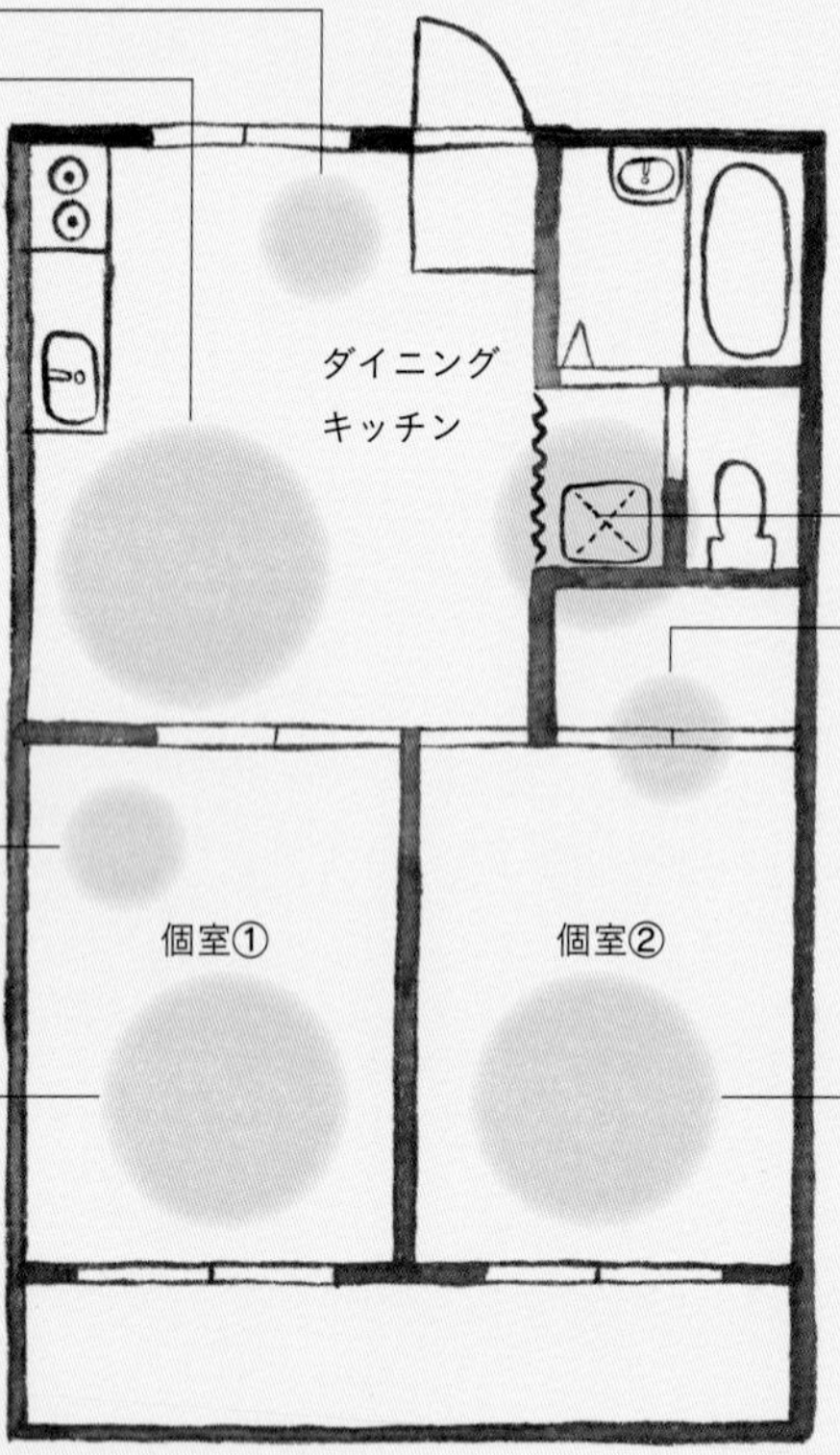

下着は、浴室のそばに

風呂に入るたびに、個室②から下着などを持ってこなくていいように、洗濯機上に収納場所を設置。洗濯用ハンガーもここに。

洋服は一カ所に集結

帰宅して個室①に行かずに、ここへ直行を習慣に。脱いだものをかけられるフックなども用意したいところ。

寝る

押し入れは洋服用にしたので、ふとんの収納場所が確保できないうえ、共働きだとふとんの上げ下ろしも大変なのでベッドに。

間取り図内で部屋やコーナーの役割を決める

rule 1

ダイニングキッチンにしっかり役割を持たせるのがカギ

個室×２＋ダイニングキッチン。役割をしっかり決めないと、個室①にいろいろなものが集まってしまい、窮屈な暮らしになりがちな間取りです。そこで個室①にくつろぐ＆遊ぶ、ダイニングキッチンに食べる＆料理する、個室②に寝る＆着替えるという役割をそれぞれ与えました。食べるや着替えるという役割を個室①に持ち込まないように工夫するのがポイントになります。

そして個室②の押し入れまわりが、着替える場所という役割を担当。押し入れにつっぱりポールを付け、引き出しケースを入れることを想定していますが、それだけでは足りないので、長いコートや頻繁に着る服などを収納できる棚もプラスします。

生活時間や暮らしのスタイルを考える

rule 2

低い暮らしは苦手。だから、ダイニングはテーブルと椅子で

広くないスペースだから、ダイニングと椅子を置くのは邪魔という考え方もあります。でも空間を広く取っておきたいからといって、毎日の生活がしにくいようでは意味がありません。自分たちの暮らしのスタイルを考え、「床に座っての食事が苦手」、「食事をしながらキッチンに立つことも多い」というふたりなら、少々狭くなっても、暮らしの快適さのためには、ダイニングセットがあったほうがいいでしょう。

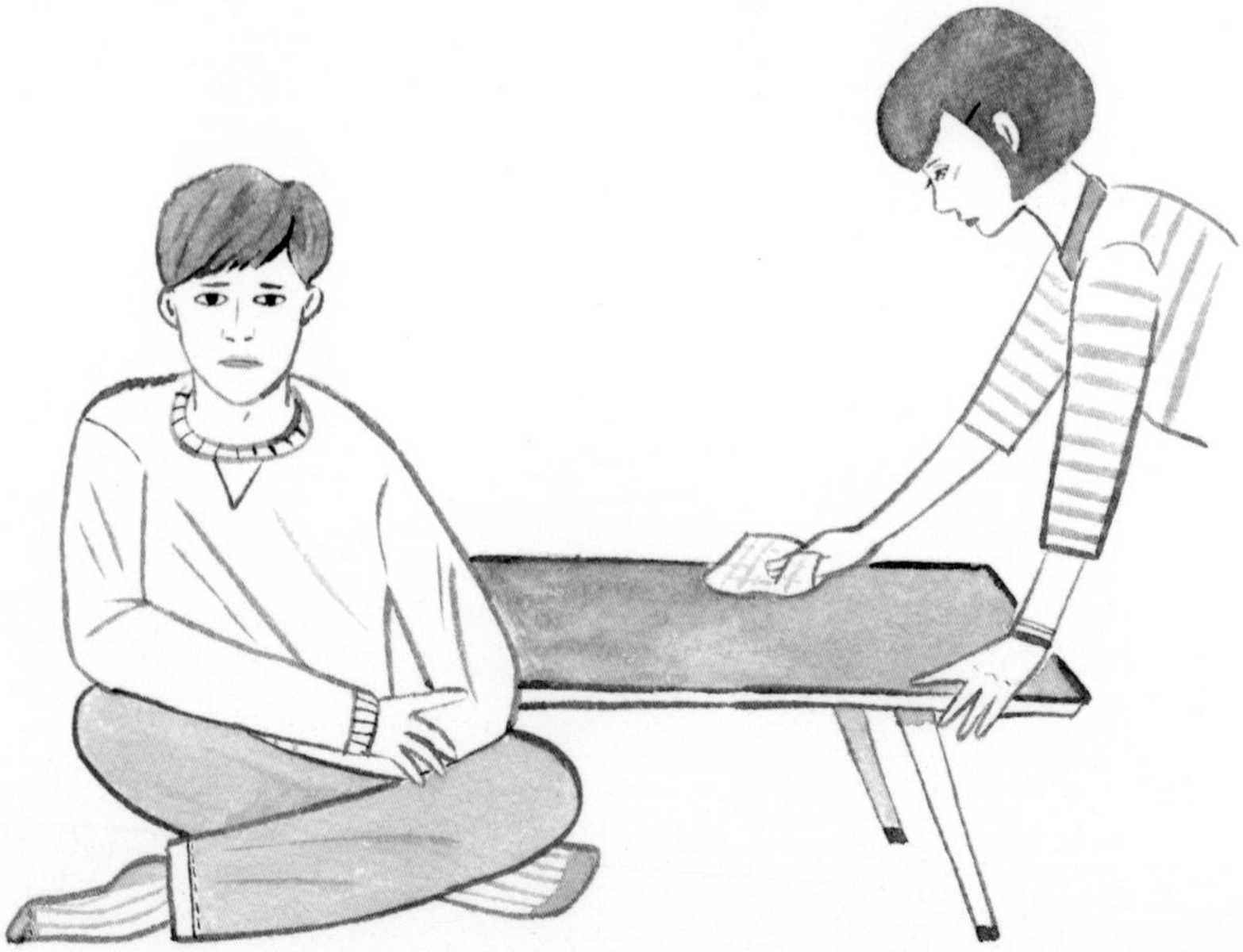

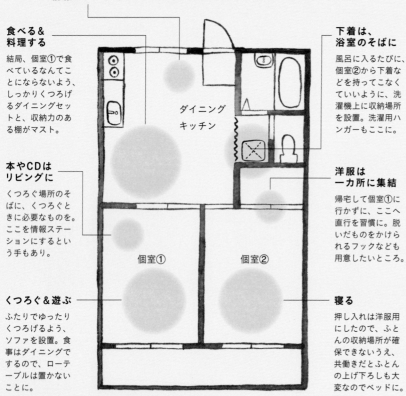

暮らしの動線を間取り図に
描き入れてみる

rule **3**

洋服はリビングを通らない動線にし、散らかりを防止

Ⓐ帰宅動線

靴棚がない住まいなので、棚を玄関に設置。バッグを置く場所まではここには作れないので、持ったまま寝室の洋服収納へ。着替えて洗濯するものを持って洗濯機へ、そして手洗い＆うがい。リビングにバッグやコートなどが入らない動線を考えました。

Ⓒ食品動線

食品を買ってきたらそのままダイニングキッチンへ。冷蔵庫、棚に置いた食品庫代わりの引き出しケースに食品を収納。短い動線で片づきます。生協などの宅配を利用するなら、箱を置く定位置などを決めて、その動線も検証します。

Ⓑ洗濯動線

洗った洗濯ものと洗濯機上のハンガーを持ち、寝室を通ってベランダへ。乾いた洗濯ものは寝室に取り込んで畳み、洋服は押し入れへ、下着やタオルは洗濯機上の定位置へ。取り込んだ洗濯ものがソファを占領する状態にならない動線です。

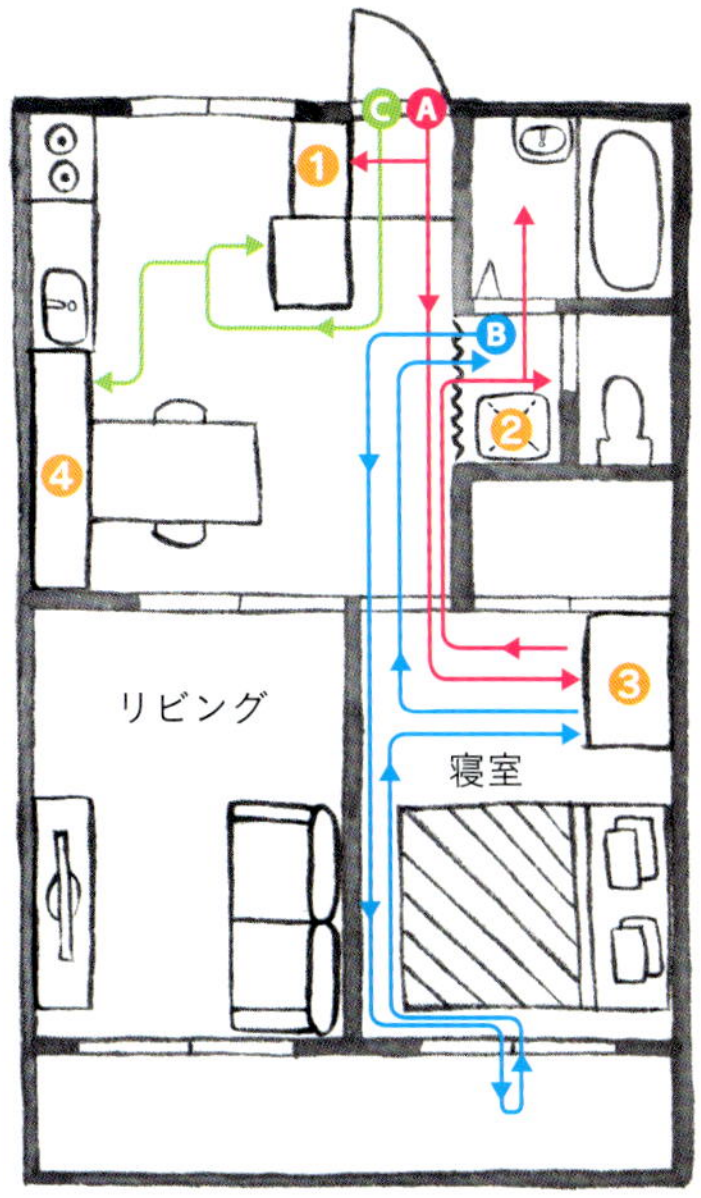

家具と合わせて
収納計画を立てる

rule **4**

ダイニングに大容量の収納をつくることで、リビングすっきり

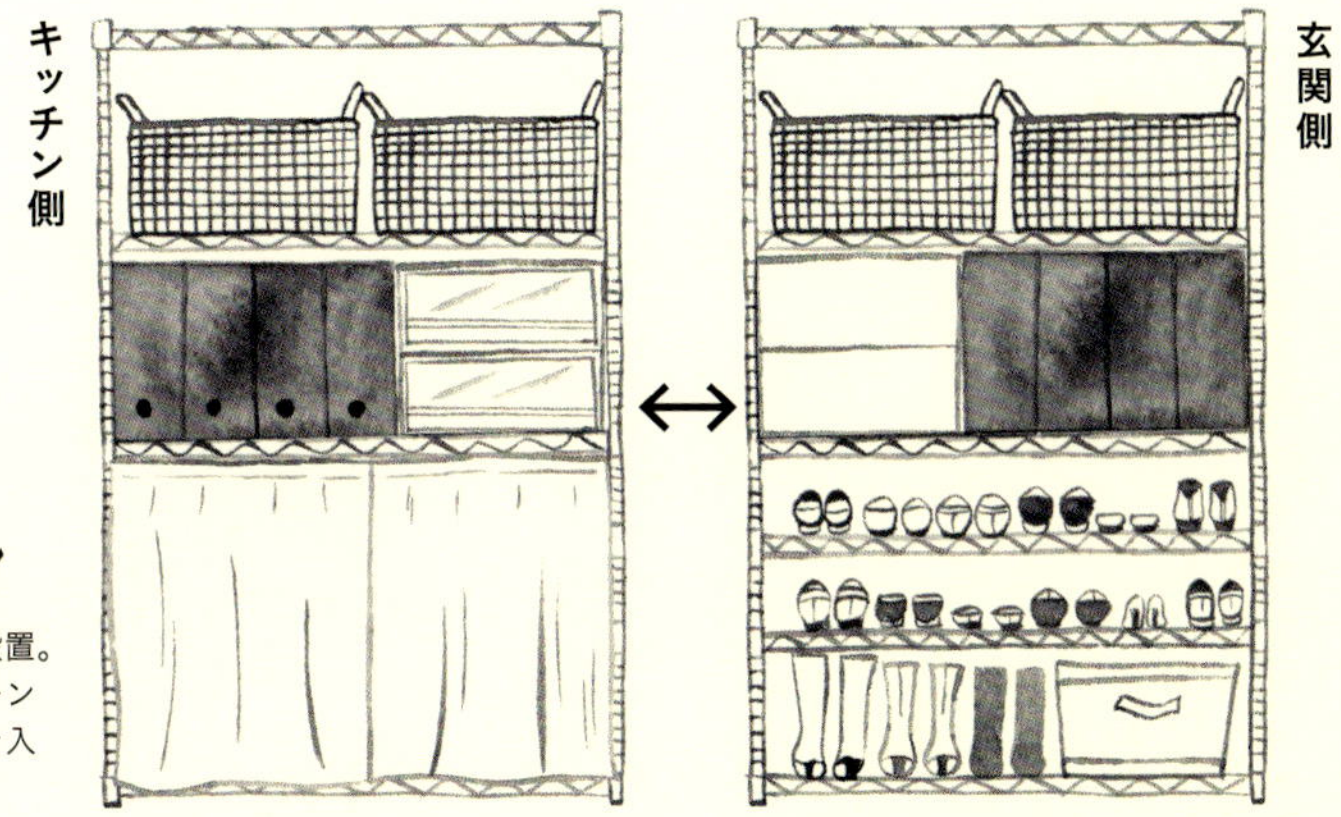

❶靴棚兼情報ステーション

玄関の横に表裏から使えるオープンラックを設置。下は玄関側から使って靴を収納し、上はキッチン側から使って、紙もの、工具、裁縫道具などを入れる情報ステーションに。

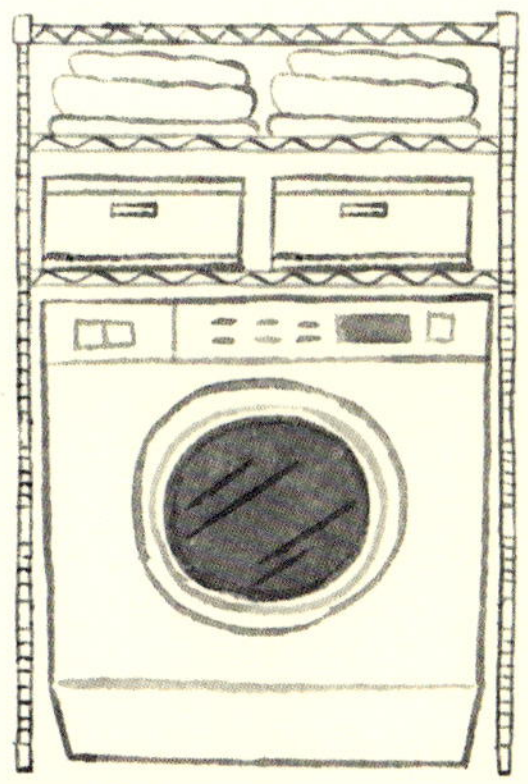

❹ダイニング収納

ダイニングの収納を大容量にすることで、家電、調理グッズが1カ所にまとまり、その分、しっかりテーブルのスペースが取れます。狭いからと小さい収納をパラパラと置くより、かえってすっきり。テーブルは棚にくっつけて省スペース化。

❸洋服の収納

押し入れだけでは、収納が足りないうえ、丈の長い洋服を収納できないので、押し入れの前にラックを設置。ふだんは押し入れに寄せておき、押し入れの奥のもの（季節外の服や季節家電など）が必要なときだけ、キャスターでラックを移動させて。

❷洗濯機まわり

浴室のそばにあると便利な下着やタオルは、洗濯機をまたぐように設置した棚に。ハンガーや洗濯ピンチもここを定位置にすべく専用の箱なども用意するといいでしょう。（または、ベランダそばに置くのもおすすめ）。

1LDK（45㎡くらい）2人暮らしのケース

［ 30代前半、忙しい共働きのカップル ］［ 毎晩帰ってくるのが遅く、休日はアウトドアの趣味で外出 ］［ ふたりとも洋服がたくさん ］
［ 趣味のグッズをいろいろ持っている ］［ ごろごろできるソファが欲しい ］［ 床でくつろぐのが好き ］

部屋全体を収納と考える

個室全体に収納という役割を与えたので、広々とものを収納可能。でもおしゃれをする場所なので、心地よさも重視します。

クロゼット内はときどき使うもの

洋服は出し入れしやすいよう外に出し、クロゼットはときどき使う趣味のものや、季節家電、オフシーズンの洋服を。

寝る＆くつろぐ

在宅時間の中でいちばん長いのが寝る時間。それならメインの部屋にベッドを持ってきて、ここでくつろぐという選択です。

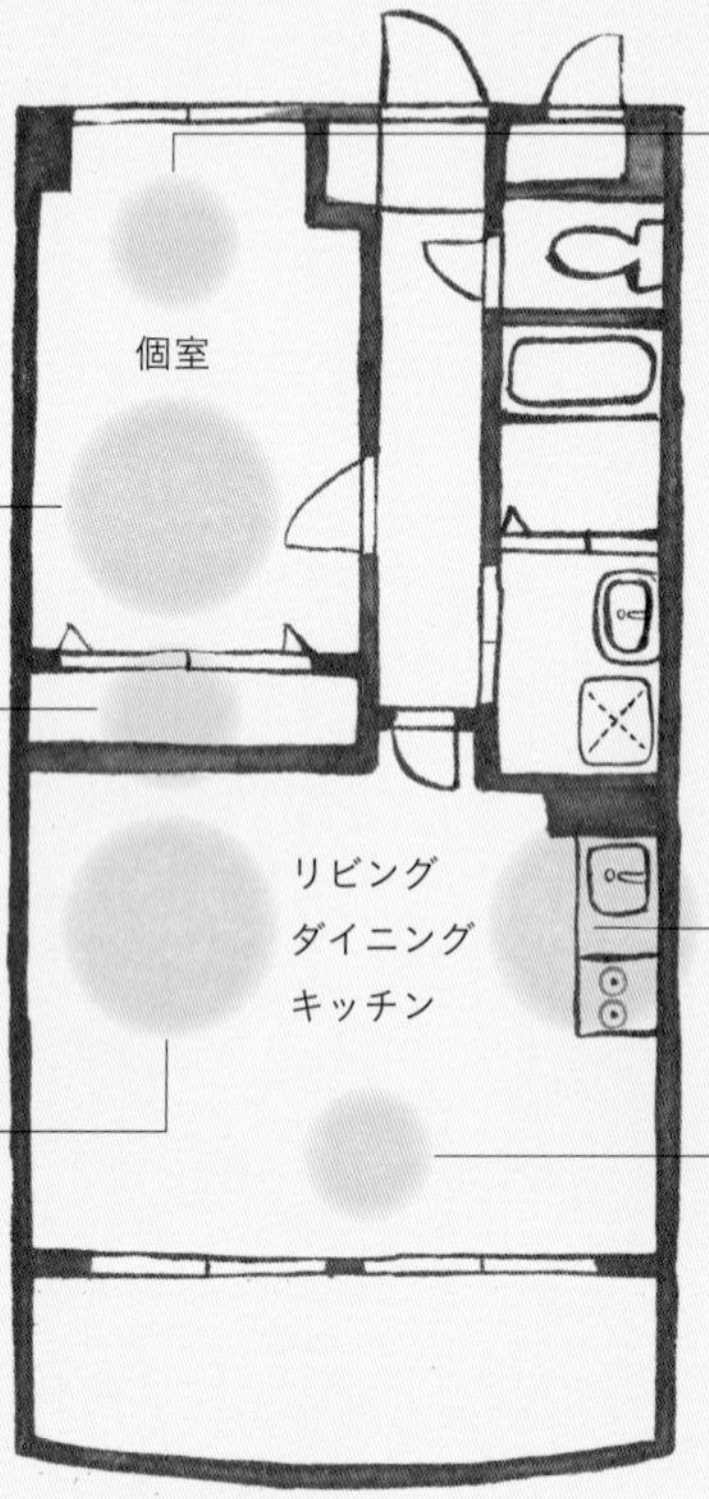

本棚という役割もここが担う

本、雑誌、そして〝情報ステーション〟も収納部屋に。出し入れが頻繁なものもあるので、入り口のそばに置くのがおすすめ。

料理する場はコンパクトに

毎晩遅くて、外食も多いので料理関連のものはコンパクトに集約。作業がしやすいよう、ワゴンを置きます。

食べる＆くつろぐ

床に座ったほうがくつろげるふたりだから、ローテーブルをセレクト。椅子がない分、空間が広々します。

間取り図内で部屋やコーナーの役割を決める

rule 1

思いきった部屋割りで個室は丸ごと収納部屋に

１ＬＤＫなら、多くの人が個室を寝室にするという選択をしてしまうものです。でもこのケースのふたりは、家にいる時間が短く、リビングダイニングでゆっくりくつろぐ時間があまりありません。一方、洋服や趣味関連のものは多めです。

それなら、思いきって個室に丸ごと収納という役割を任命。そして夜寝る前の時間をゆったり過ごせるよう、ベッドはＬＤＫに。これなら、くつろぐためのソファがなくてもベッドがその代用になります。洋服などの雑多なものがＬＤＫに入ってこないので、ホテルライクを意識してＬＤＫを整えれば、この広い空間でなんでもできるようになり、快適です。

生活時間や暮らしのスタイルを考える

rule 2

家にいるのは夜だけ。だから、くつろげる広い寝室があればいい

リビングダイニングにベッド？と躊躇してしまいそうですが、ちょっと贅沢なシティホテルを思い浮かべてみて。ベッドを主役にした、おしゃれでとてもくつろげる空間です。生活の雑多なものを個室にたっぷり収納してしまえば、そんなホテルライクな部屋をＬＤに作ることも可能。家にいるのは夜だけ、休日もアウトドアの趣味を楽しむというライフスタイルなら、思いきった選択もありです。

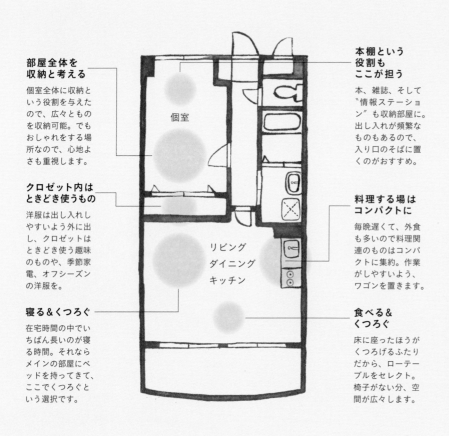

暮らしの動線を間取り図に
描き入れてみる
rule 3

とことん、
動線を短くして
暮らしをラクに

Ⓐ帰宅動線

収納部屋にした個室は玄関寄りにあるので、帰宅したらまずここへ。荷物を置いて着替え、それから洗面所。リビングにコートやバッグが置きっぱなしにならない動線なので、リビングはいつもすっきり。買ってきたものもまず、収納部屋へ。

Ⓑ洗濯動線

帰宅が遅いので洗濯ものはほとんど乾燥機＋室内干し。収納部屋がゆったりしているので、風通しなどに問題がなければ、ここに干せます。リビングに生活感たっぷりの洗濯ものが入ってくることがなく、片づけもラク。動線もコンパクトです。

Ⓒ朝の身じたく動線

起きたら洗面所へ。そして、収納部屋へ移動して身じたくをします。メイクもここでできれば、動線が短くすんでスムーズなので、長くいたくなるような、快適な収納部屋にしておくといいでしょう。

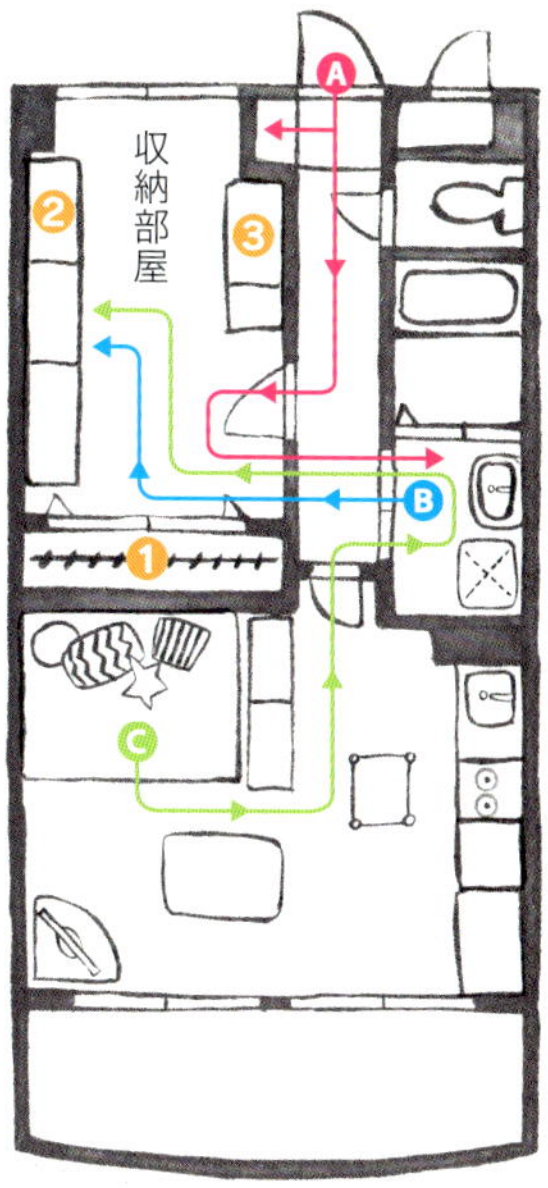

家具と合わせて
収納計画を立てる
rule 4

収納部屋が
使いやすければ
LDが散らからない

❶個室のクロゼット

個室全体が収納部屋なので、扉のあるクロゼット内は、頻繁に出し入れしないものを収納する場所に。かさばるアウトドアグッズや、オフシーズンの洋服、季節家電などをこの中に。

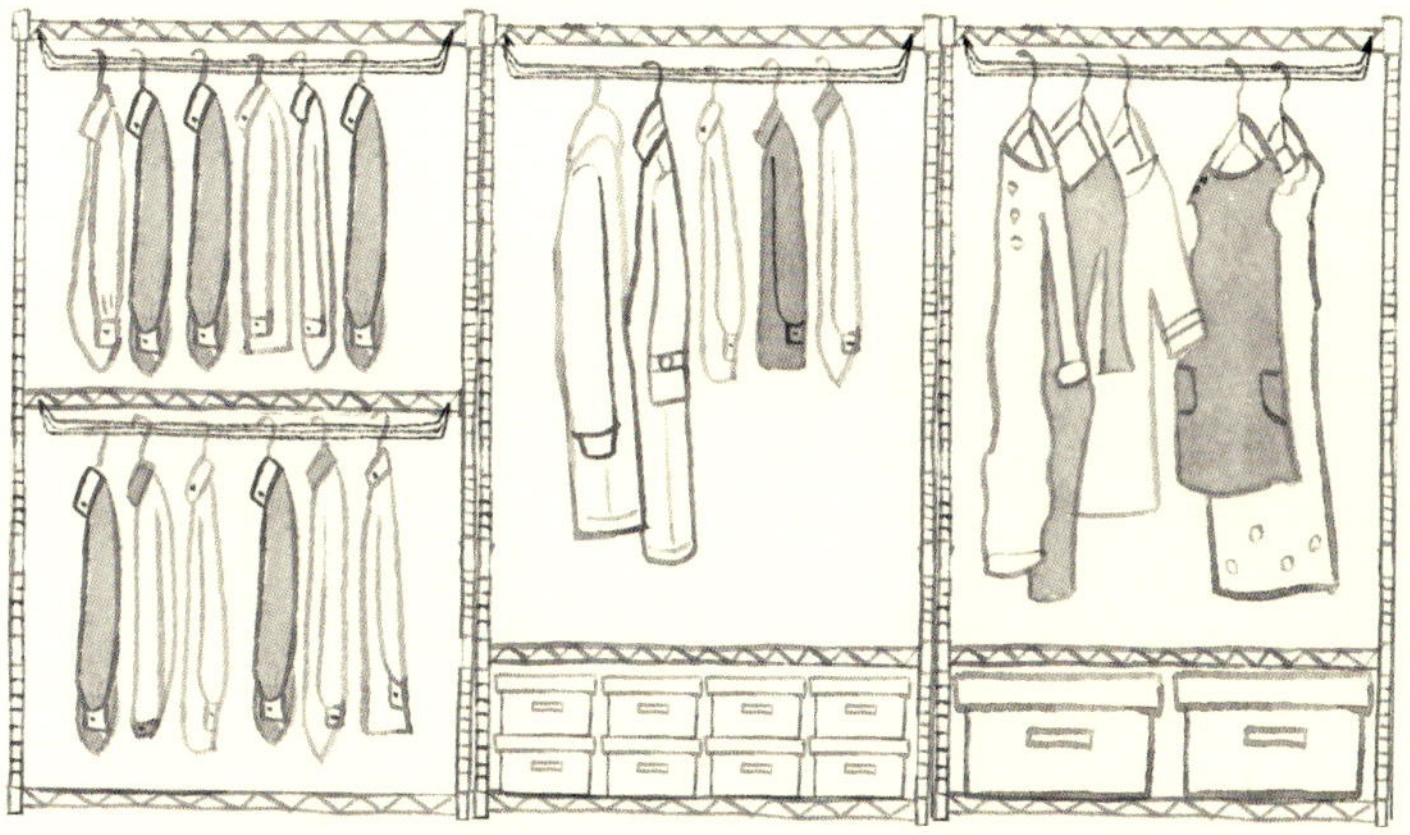

❸情報ステーション

本や雑誌、書類ケースに入れたたくさんの紙ものを棚に。隣にはプラケースを積み上げて、工具、裁縫道具、カメラグッズなどと引き出しごとに、ジャンルを分けて収納。思いきって個室を収納にした分、出し入れがラクな収納が作れます。

❷洋服の収納

組み替えのきくスチールラックで大容量の洋服収納に。ブティックのように洋服を吊るす収納にすれば選ぶのが楽しいうえ、持っているものの把握もしやすく、出し戻しもラクです。この場所を使いやすく、心地よくすれば、リビングに余計なものが入らなくなります。

2LDK（55㎡くらい）3人暮らし（子ども1歳）のケース

［ 30代中ごろ ］［ 妻は専業主婦 ］［ 夫は帰宅が遅い ］［ すでにダイニングセットとダブルベッドを持っている ］
［ 家にいる時間が長いのでソファを買いたい ］［ 子どものおもちゃや洋服などが課題 ］

季節外収納で出し入れ少なく

寝室側の収納には、季節外の洋服、季節家電、趣味のグッズなどを集約させます。

身じたくはリビングでする

寝室のクロゼットに洋服と決めることなく、リビング側のクロゼットにオンシーズンの洋服を。かなり使い勝手よし！

くつろぐ＆子どもの遊び場

キッチンから見える位置に、子どものおもちゃ置き場を。ソファがあれば、ママもくつろぎつつ、いっしょに遊べます。

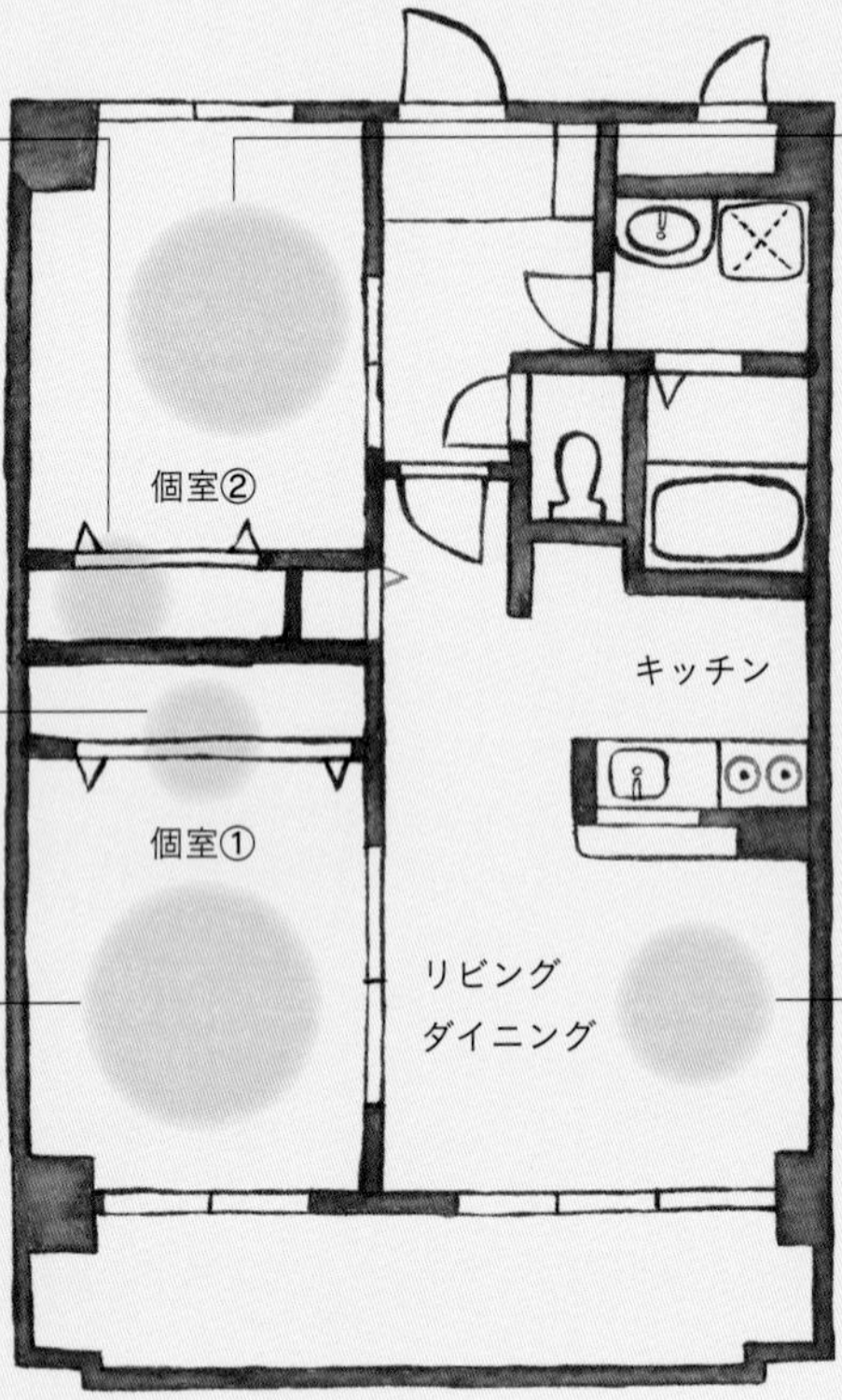

寝る場所をLDから離す

個室②は素直に寝る場所に。妻と子は、遅く帰る夫に起こされることなく、夫も気がねなくLDでくつろげます。

食べる＆くつろぐ

個室①までリビングとしたので、ここはゆっくり食事も楽しめるように広々と。テレビの視聴も可能に。

間取り図内で部屋やコーナーの役割を決める

rule 1

リビング側に洋服収納でみんなが快適になる

リビングダイニングに併設する個室①は引き戸で仕切られている間取り。引き戸をはずして広いＬＤとすれば、小さい子どもの様子にもしっかり目が届くので安心です。そこで個室①の役割はくつろぐ＆遊ぶ、個室②は素直に寝室としました。

まず、おもちゃをあちこちに点在させないために、子どもの遊ぶ場所をある程度決めることが重要。そうすると遊ぶときも片づけのときも迷いが生じません。もうひとつのポイントは洋服収納。通常なら個室②に決めがちですが、個室①のクロゼットに洋服を収納することで、子どもの着替えがさせやすく、遅く帰宅した夫も、子どもや妻を起こすことなく、着替えられます。

生活時間や暮らしのスタイルを考える

rule 2

ママと子はゆったり。帰宅の遅いパパも居心地よく

ママと子どもは長時間在宅しているというライフスタイルなので、子どもがストレスなく遊べ、ママはその様子を確認しながら家事をできるように考えるのがポイント。また、遅く帰ってきたパパも、ひとりの時間を楽しめるよう、晩酌しながらテレビを見られるように工夫。動線よく着替えができるので、ダイニングの椅子に、脱いだスーツが置きっぱなしということも防げます。

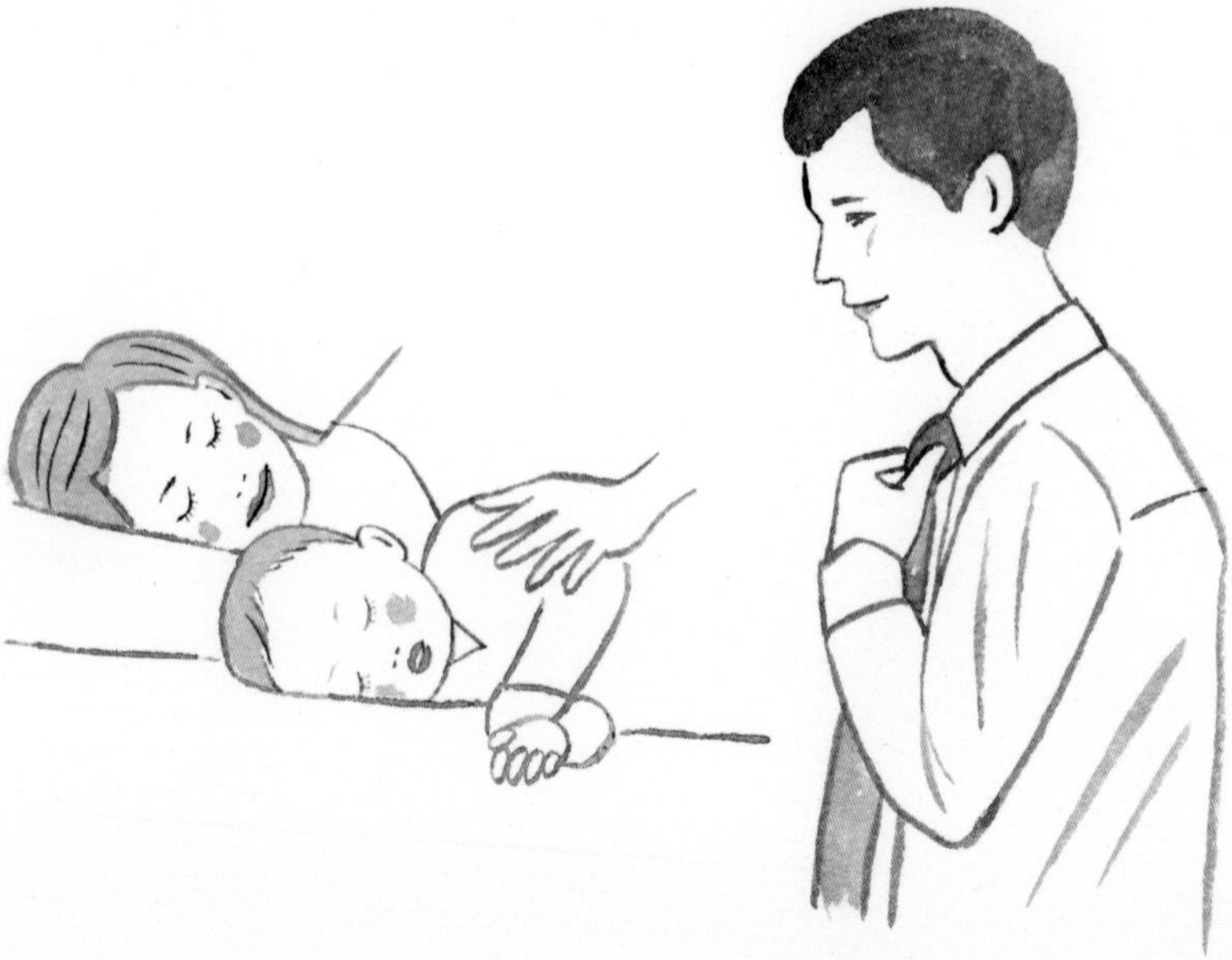

暮らしの動線を間取り図に
描き入れてみる

rule 3

寝ている家族を起こさずにすむ動線を考える

A 夫の帰宅動線

夜遅く帰ってきても、寝室として使っている個室に入ることなく、着替えができ、自分のベースでくつろげます。寝室に洋服を収納していると、妻と子を起こしたくないからとリビングダイニングにスーツなどが置きっぱなしに。

C 妻の身じたく動線

夫や子より早く起きたらすぐ寝室を出てリビングのクロゼットへ。家族を起こすことなく、音楽をかけたり、テレビを見たりしながら着替えや身じたくができます。メイクも明るいこの場所でできるようにすれば、動線も短く、快適です。

B 洗濯動線

洗濯を終えたらリビングを通ってベランダへ。乾いた洗濯ものはリビングにあるクロゼットに収納できるので、いちいち遠い寝室に行く必要がなくラク。子どもが遊んでいる様子を確認しつつ、洗濯ものを畳み、元の場所に戻すこともでき、安心。

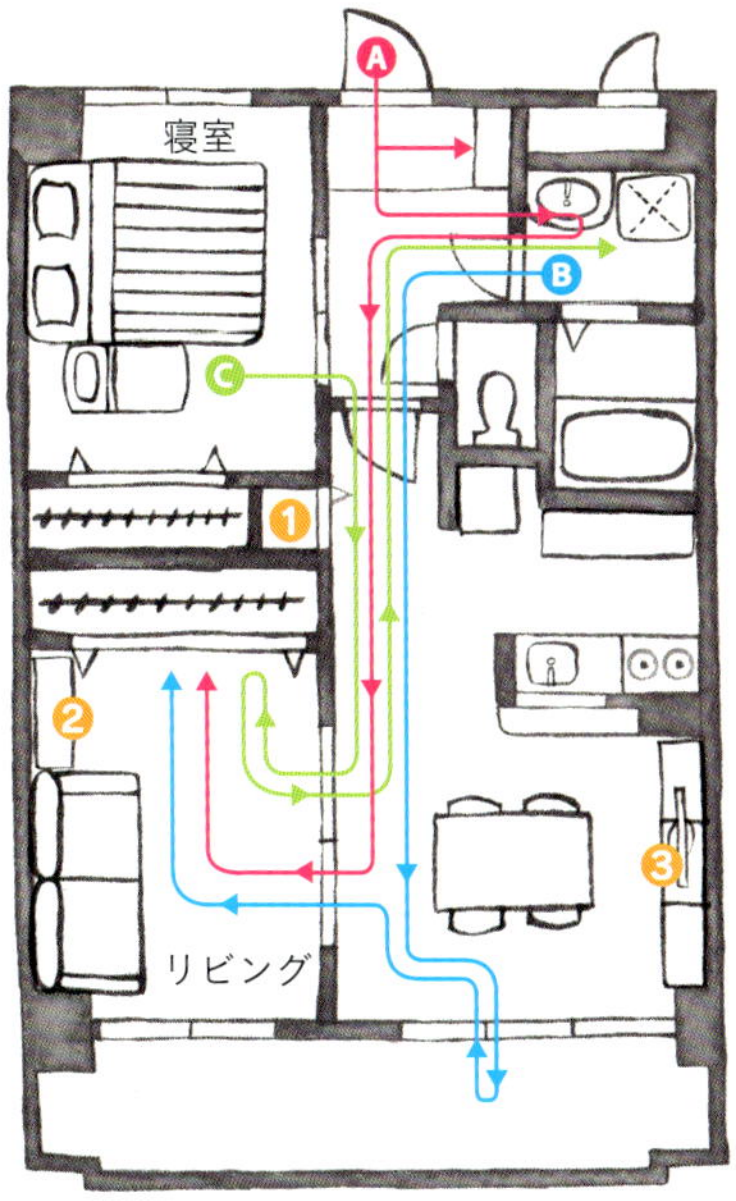

家具と合わせて
収納計画を立てる

rule 4

造り付け収納と、置き家具をバランスよく使い分けて、すっきりと

3 ダイニングの収納

ダイニング収納はインテリアとしても目立つので、好みのスタイルに合わせてセレクト。ここにテレビを置くと、パパが遅く帰宅してからテレビを見つつ、晩酌をすることも可能。ソファからも見える位置に決めました。

2 おもちゃの収納

おもちゃは箱やかごを使って棚へ。床に直接置くよりも省スペースです。子どももどこになにがあるか把握しやすいため、自分で出して遊べます。分かりやすくなっていれば、片づけも自主的にできるようになります。

1 情報ステーション

暮らしのいろいろな場面で使うものが収納されている情報ステーション（書類、工具、裁縫道具など）は、どこからもアクセスのいい場所がおすすめ。造り付け収納のここは、間取りの真ん中＝家の真ん中なので理想的。

3LDK（75㎡くらい）4人暮らし（子ども1歳&4歳）のケース

［ 30代中ごろ ］［ 共働きで家にいる時間は忙しい ］［ 上の子には自分で身じたくができるようになってほしい ］
［ ソファを買いたい ］［ 子どもの個室は不要だが、長く住むのでゆくゆくは必要と考えている ］

寝る&大物収納

洋服は個室③にまとめたので、付属のウォークインクロゼットには、ふとん、季節外家電、アウトドア用品など大物を収納。

子どもの身じたく

親がほかのことをしながらでも、子どもの身じたくの様子が確認できるよう、保育園バッグや洋服はここに。

遊ぶ場は、間取りの奥に

個室②の窓際におもちゃをまとめて遊び場に。いちばん奥なので少々散らかっていても暮らしの邪魔になりません。

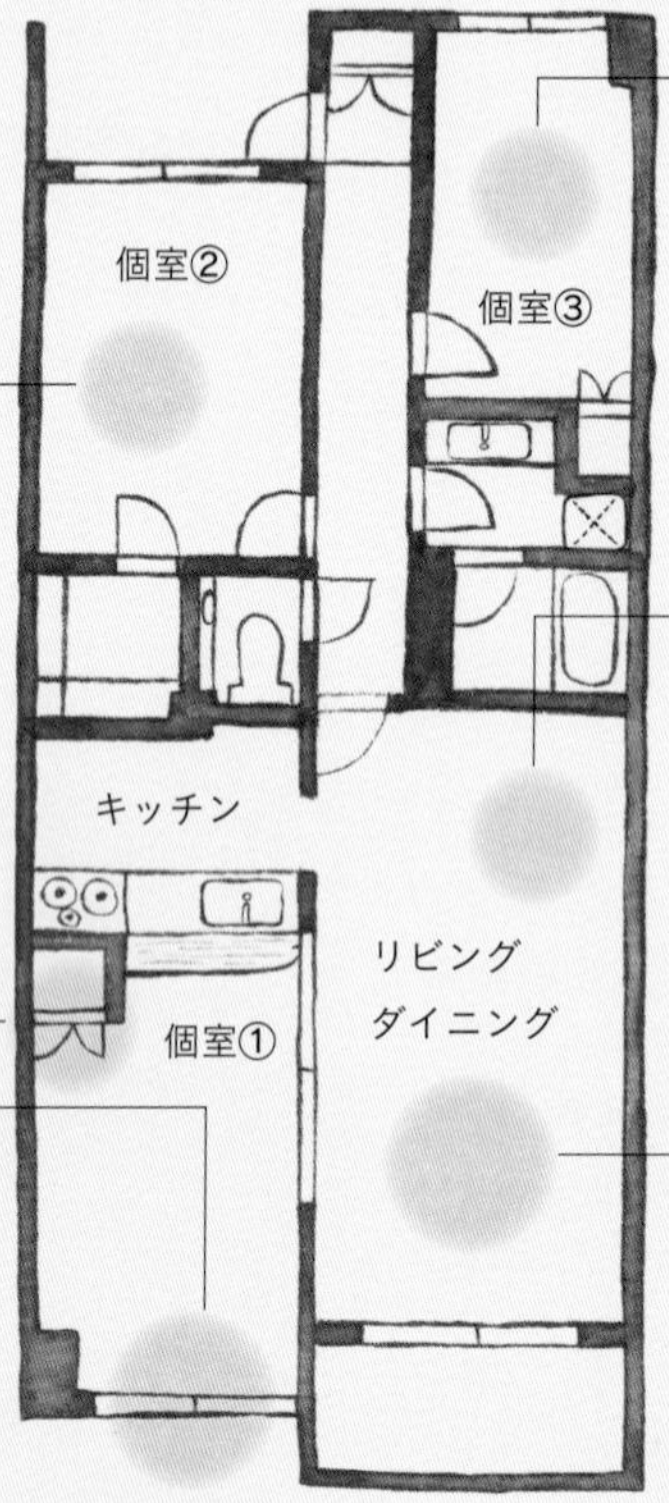

収納&身じたくする

しばらく使わないからと、単にものを置く部屋にするのはもったいないので、家族全員のクロゼットとして機能させます。

真ん中に情報ステーション

個室③が広いからとすべてそこに収めると働くママには出し入れが大変。間取りの真ん中、ダイニングのそばが便利。

子のそばでくつろぐ

個室①の子ども部屋とくつろぐ場所を近くにすれば、子どもが遊んでいる横で大人もくつろげます。

間取り図内で部屋やコーナーの役割を決める

rule 1

空いている1部屋をしっかり活用することでLDKが快適に

　長く住み続けるつもりの３ＬＤＫ。子どもが小さいうちは、空いている１部屋がものを突っ込んだだけの場所になりがちな間取りです。いずれは子ども部屋にと思っているからわざわざ整えないというケースも多いようですが、10年近くその状態ということもありうるので、きちんとした役割を与えて活用したほうが家族全員にとって使いやすく、ＬＤも散らかりにくくなります。

　というわけで個室③にはものを置くだけでなく、気持ちよく身じたくができる部屋としての役割を。個室②は寝室、個室①はＬＤとの間の戸をはずして子ども部屋に。食事のしたくやダイニングでの食事のときも子どもの様子が分かる配置です。

生活時間や暮らしのスタイルを考える

rule 2

子どもが遊ぶ様子を見ながら家事ができるように

　子どもがふたり、ママも働いているというスタイルの家族。子どもの様子を見つつ家事をこなす必要があり、時短ができるような効率のいい収納もマストです。そういう視点で部屋割りや家具配置を決めます。子どもがおもちゃを散らかしたままでも、食事のしたくや洗濯ができるよう、家事動線の中に子どもスペースを入れない、収納は１部屋に集め、乾いた洗濯物の片づけをラクにする、などは有効なアイデアです。

暮らしの動線を間取り図に
描き入れてみる

rule 3

共働きママの家事動線と子ども動線を交差させない

Ⓐママの帰宅動線

保育園のお迎えから帰宅したら、玄関にいちばん近い収納部屋へ。バッグを置き、スーツから部屋着へ着替え。着替えも収納も１カ所なうえ、広いのでのびのび着替えられます。その後、洗面所へ移動して手洗い＆うがい。

Ⓒ子の身じたく動線

４歳の子は朝起きて、洗面所へ。その後、子ども部屋で身じたく。その様子を見ながら、親が下の子の身じたくを。ほかの家事をしながらできるので、洗濯動線が少々長くなっても、子どもの服はキッチンに近いこの位置が便利という選択です。

Ⓑ洗濯動線

洗面所からＬＤを通ってベランダへ。ダイニングで子どもがおもちゃを広げると動線が交差するので、子ども部屋におもちゃを置くのがベター。洗濯ものは子どものものを子ども部屋に、下着＆タオルを洗面所に、などと振り分けながら片づけ。

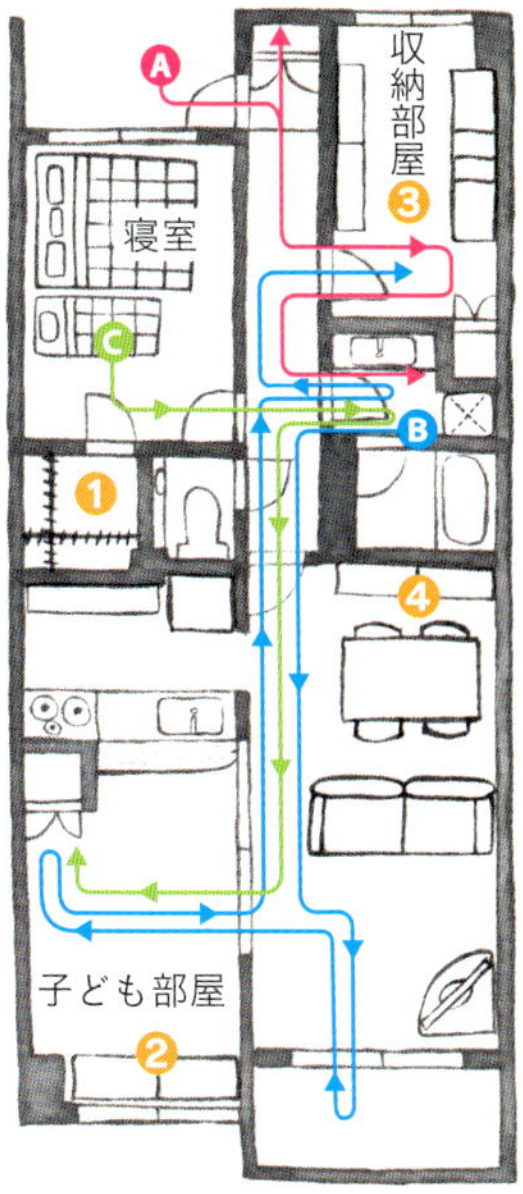

家具と合わせて
収納計画を立てる

rule 4

家族の成長に合わせて組み替えできるラックやケースを活用

①大物の収納

ウォークインクロゼットには、趣味のアウトドア用品や季節家電、来客用ふとんなど大物を収納。ここには洋服という思い込みをなくせば、寝ている人の横で気がねしながら、狭い場所で着替える必要がありません。

②子どものおもちゃ

子ども部屋に決めた個室はいちばん奥にある部屋なので多少散らかっていてもママの動線を邪魔しません。オープン棚にかごや箱を使っておもちゃを収納しておくと、子どもにもなにがどこにあるか分かりやすく、片づけもラク。

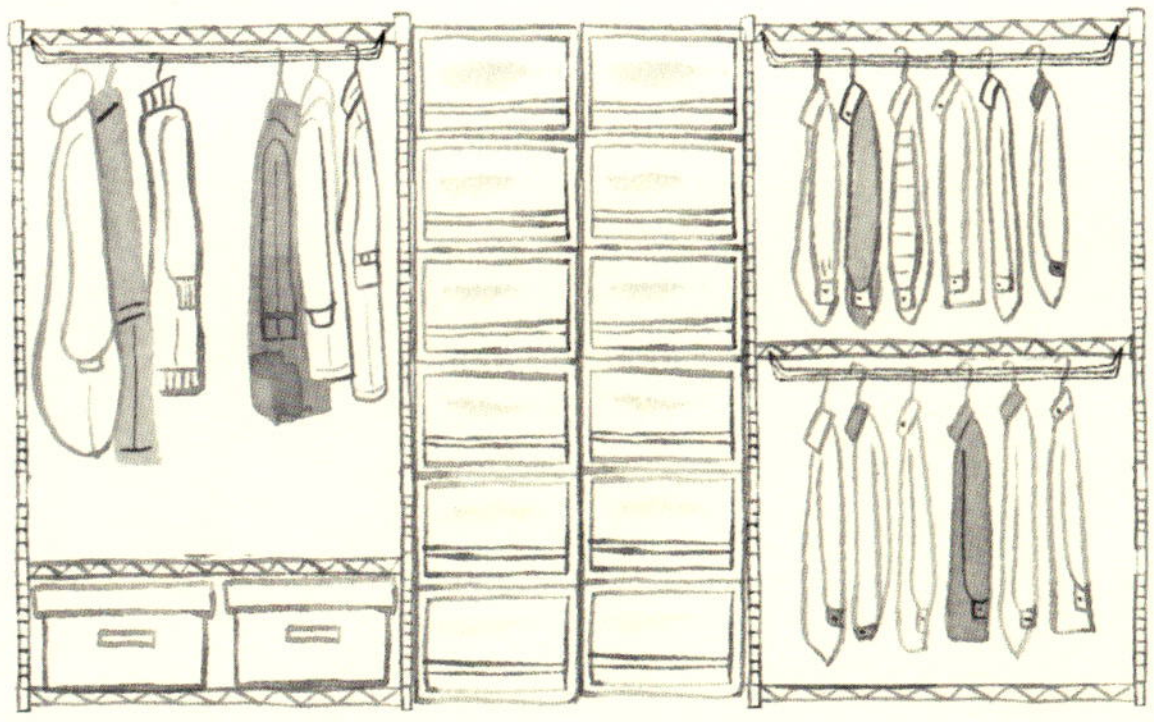

③洋服の収納

子ども部屋に変更予定の個室を収納部屋にするためには、気軽に組み替えできるスチールラックや、プラスチックケースが便利。広いスペースを使えるのでたくさんの服をハンガー収納にでき、選ぶのも片づけるのもラクに。

④情報ステーション

保育園の書類を書いたり、レシピをチェックしたり、ボタン付けをしたり。こまごまとしたものがダイニングそばにあると便利なので、情報ステーションはここに。目立つ場所なので中が見えないチェストを選択。

THE LAUNDRESS
NEW YORK
THE GOOD CLOTHES OPEN ALL DOORS
LAUNDRY
WASH
Delicate
THE GOOD CLOTHES OPEN ALL DOORS
LAUNDRY
FABRIC
Softener

Part 3

ディテールを整える

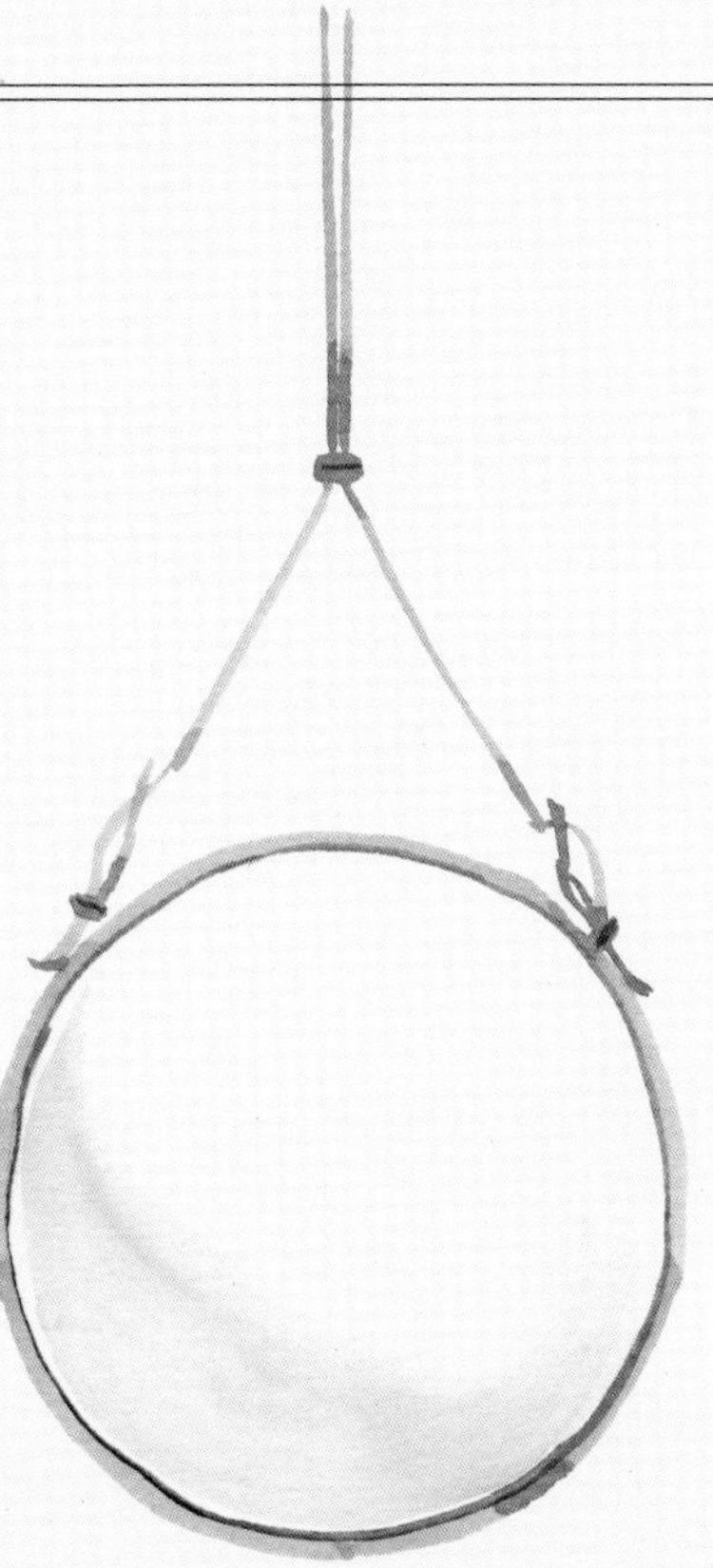

スタイルを決め、家具配置や収納について考えるだけで、インテリアが完成するわけではありません。住みはじめたらすぐ必要になるカーテンなどの窓まわりアイテム、部屋全体の印象に大きく影響する色、そして、インテリアに個性をプラスするディスプレイ……。暮らしに彩りを添える部分なので、楽しみながら整えましょう。

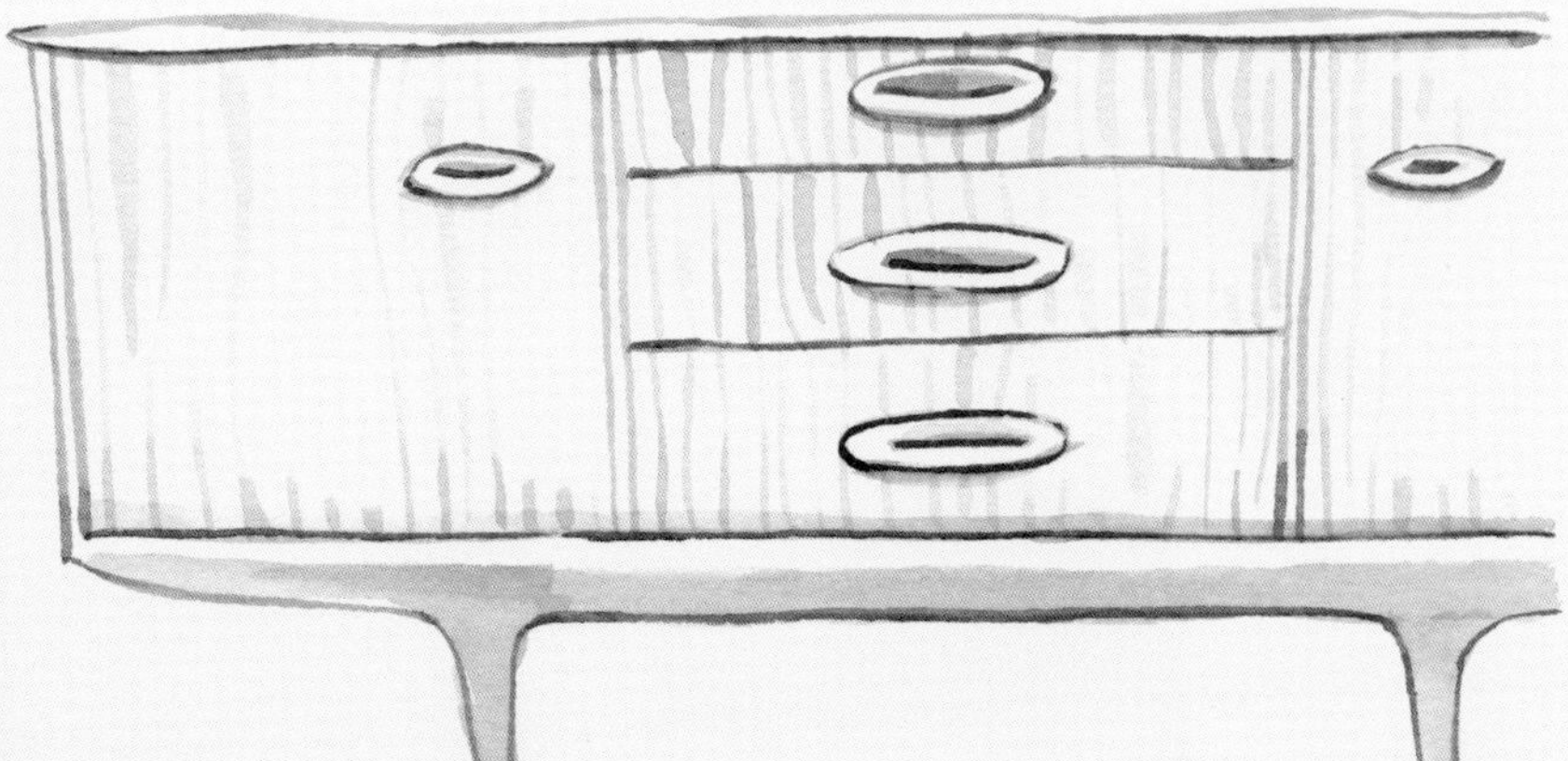

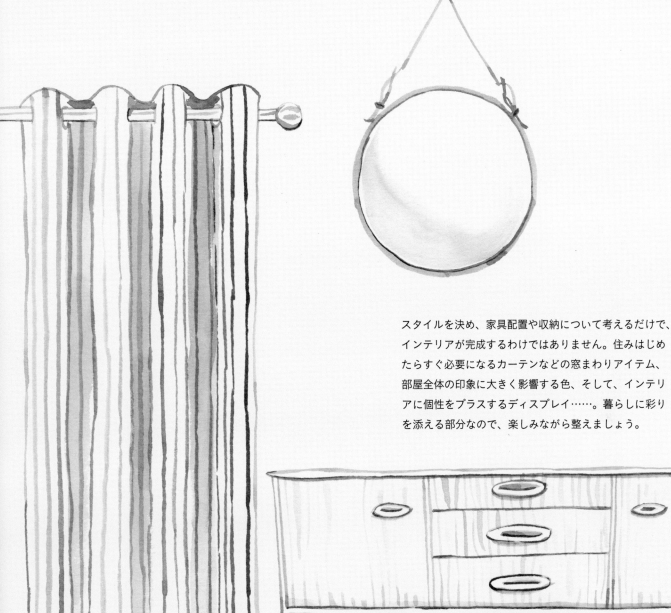

色のこと Q&A

同じスタイルでも、色の使い方次第で
空間の印象は大きく変わります。
それくらい色はインテリアにおける重要な部分。
ここではインテリアコーディネーターの
鈴木理恵子さんに色の基本を教わります。
あわせてカラフルな色を
楽しく取り入れている事例をご紹介。

Q インテリアの色計画を考えるときに意識すべきことは？

空間がもたらす印象は、色によって大きく変わります。どんな雰囲気にしたいのか、具体的にイメージしてから、色計画をはじめます。例えば、彩度の違い。元気さやインパクトを求めるなら鮮やかな色（彩度の高い色）を合わせるといいですし、おだやかでやさしい雰囲気に仕上げたいなら淡いペールカラーやグレー調の色（彩度の低い色）を合わせます。

一方、明度の違いでも雰囲気は変わります。「明るくさわやかに、若々しい」イメージなら明度の高い色（明るい色）、「重厚で趣があり、大人っぽい」イメージなら明度の低い色（暗い色）という具合です。

そのほか、単体の色自体が持つイメージにも注目します。淡いピンクならフェミニンさ、オレンジや黄色なら元気さ、青なら静かさなどが表現されるので、色が持つイメージも想像しながら、インテリアに使う色を決めるとよいでしょう。

彩度の違いに注目　彩度が高いとメリハリが出てにぎやかになり、元気な雰囲気（写真右）に。逆に彩度が低いと、やさしくおだやかでほっとする雰囲気（写真左）が生まれます。

明度の違いに注目　明度が高い＝明るめの色でまとめると、すっきり若々しい空間（写真右）に。明度が低い＝暗めの色でまとめると、重厚で落ち着きのある空間（写真左）になります。画像協力：タチカワブラインド

Q 床や建具、持っている家具が好みの色と合わない場合はどうする？

自分の好みの色合いを発見したら、現在住んでいる住まいの内装（床や建具、壁）自体が持っている色や、家具の色にも目を向けましょう。明度の高い、さわやかなインテリアに惹かれるのに、床と建具は焦げ茶、家具も濃い色のものばかりとなると、話は簡単ではありません。まずは合わないと感じる色のボリュームを減らすところからスタートします。

床に明るい色のラグを敷いてみたり、テーブルにクロスをかけたりすることから。カーテンなど窓まわりのアイテムを明るくするのも一案です。床は面積が広いので思いきってカーペットを敷くと色のイメージは大きく変わります。家具はペイントする、建具は建築用フィルムシートでリメイクするなどの方法もありますが、どんどんハードルは上がります。だからこそ、インテリアを考えはじめるときに、変えることが難しいところ（床、建具など）に注目したうえで、目指すスタイルや色イメージを決めることが大切なのです。

いろいろなスタイルのダイニングスペース。スタイルに目を向けるのではなく、色だけに注目してみて。自分の好きな色味が分かってきます。画像協力：北の住まい設計社（右上）、unico（右下、左下）

Q 自分が目指す色イメージが分からない場合は、どうすればいい？

「住まいをどんなイメージにしたい？」と聞かれて即答できる人は多くないと思います。Part 1 ではスタイルについてご紹介していますが、同じスタイルでも色が変わると、好きと感じたり、そうでもないと思ったりもするものです。そこで、本書に掲載されているインテリア写真を見て惹かれた写真があったら、その写真のどの部分が好きなのかに注目してみましょう。

例えば、スタイルは好みではないけれど、「おだやかでやさしい感じ」が好きと感じたなら、彩度が低い色合いが好きということ。その色合わせを自分の好みのスタイルに取り入れてみると、目指すイメージがより明確になります。

気になる色でインテリア画像をネット検索するのも手です。「白　インテリア」「黄色　リビング」などで検索し、画像一覧を出すとたくさんのイメージが出てくるので、好きな空間を見つけやすくなります。

Q 狭い家を広く見せる色は？

インテリアの要望でよく挙がるのが、「狭いので広く見せたい、感じたい」ということ。低い家具や小ぶりな家具を取り入れることで広く見せるという手法はよく聞かれますが、色は視覚に直結するので、重要な部分です。効果的なのは、大きな面積をとるカーテン、収納家具などを壁と同じ色にし、空間が分断されないようにすること。ひと続きにつながって見えることで、広さを感じます。明度の低い色より、高い色のほうがすっきり見せる効果が期待できるので、白、オフホワイト、ベージュなどがおすすめです。

また、色数が多いと視線が部屋のあちこちに飛び、全体に散らかった印象に。色数を減らすことも、狭い部屋をすっきり見せることに貢献してくれます。

堀さん宅は、明度の高い白をキッチンの面材などに取り入れて壁とつなげているので空間が分断されず、すっきり広々見えます。

Q 壁1面だけ色を取り入れるならどんな色がいい？

日本の住宅では、壁の色といえば、白、オフホワイトがほとんどですが、アクセントに1面だけ色を取り入れると空間がのっぺりせず、個性も生まれます。壁紙の上からペイントできるペンキは気軽ですし、カラーの壁紙も多く市販されていますので、そういったものを使えば、意外と壁に色を付けるのは難しいことではありません。

色を決めるにあたっては、インテリアのテーマカラーにしたい色を選ぶか、反対にテーマカラーを引き立てる色を意識します。カーテンに使っている色から1色取るなど、カーテンやラグとの相性も重要です。

色を塗るというとインパクトのある彩色を思い浮かべますが、1面だけなら前に飾るもの、置くものを引き立てる意味で、グレーやベージュなどの無彩色を取り入れるという選択もあります。

右：取材当時は落ち着いたトーンへの模様替えに取りかかっている真っ最中。子どもたちが勉強するデスクのあるこの壁は、左ページの写真の向かい側。１年ほど前に彩度の低いやさしい色に塗り替えました（以前はオレンジ色）。左：パソコンコーナー。隣の壁が派手なので、こちらのコーナーは雑貨だけでカラフルな色をプラスしました。

色を思いっきり取り入れて、変化させながらインテリアを楽しむ

case　popさん宅

「きっかけは壁が汚れてきたこと」と、ペイントをはじめた当時を振り返るpopさん。まだ子どもも小さく、にぎやかにしたかったので、思いきってカラフルに。その後、すっかり壁をペイントすることにはまり、今では思い立ったら夕飯の準備の前にちゃちゃっと取りかかってしまうほど、日常の延長になりました。

気軽にペイントできるなら、思いきった色を使うのも抵抗ありません。「色って、わ〜って気持ちが盛り上がって、ワクワクする」からと、彩度の高い色のかけ合わせを楽しんだそう。最近は子どもたちから、もう少し落ち着いた感じにという要望があったので、少しずつトーンを落としている最中。この取材の後にも早速塗り替えたそうで、色がもたらす空間の大きな変化を日常に楽しんでいるご様子です。

Change！

取材の後に、テレビ側の壁も再ペイント。一気に空間のトーンがやさしくなりました。ペンキは〈壁紙屋本舗〉で購入しているそう。

ソファの赤と黄色、壁のターコイズ、いずれも彩度が似ているので、強い色同士でも相性よしです。「ワクワクな気分をインテリアで表現しました」。

娘たちが中学生になり、落ち着いたインテリアへと転換中。白に戻せると思えば、ペイントのハードルも下がります。

Change !

ダイニングの壁は以前は濃紺。濃い色であっても、数回塗り重ねれば白に戻すことも可能です。

手作りすることをいとわないｐｏｐさん。発泡スチロールの球で時計を作ったり（写真上）、冷蔵庫にカッティングシートを貼って水玉にしたり（写真中）、遊び心にあふれています。植物の鉢も自分でペイントしたそう（写真下）。

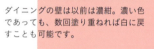

カラフルな色を多用するときは、クッション、スツール、ブランケットなど、黒いアイテムをプラスして引き締め役に。テレビの下に並べた鉢も白黒を選んで、色を少しおさえました。壁の色をやさしい色に塗り替えた今は、クッションをカラフルに替えたそう。

popさんのブログ：
『pop*の笑う門には福きたる。』
http://ameblo.jp/pop-sweet-colorful

最初に塗ったのはこの壁。先に子どもたちに思いっきり絵を描かせてからペイントしたそう。いい思い出になります。

窓まわりのしつらえ Q&A

カーテンなど、窓まわりのアイテムやしつらえは、
ウィンドウトリートメントと呼ばれます。
予算的に後回しにしがちな部分ですが、
イメージを変える重要な要素。ここでは
インテリアコーディネーター、秦野 伸さんに
基本を教わり、秦野さんご自身のお宅をご紹介します。

Q 窓まわりのしつらえの選択肢は？

なじみのあるカーテン以外にも、ブラインド、ロールスクリーンなど、選択肢はいろいろ。それぞれの特徴をご紹介します。

ロールスクリーン

〈タチカワブラインド〉のスタイリング例

インテリアコーディネーターの一言

「柄も豊富でフラットなので、絵を飾る感覚で柄のデザインを楽しみたい場合にも向いています。下だけ開けて、外からの視線は遮りつつ、ベランダの景色を楽しむという使い方もおすすめ」

特徴
- 上下に開く　●色、柄などが豊富で選択肢が多い
- フラットで壁と一体化させられ、すっきりした雰囲気
- 上げ下ろしがラク（ブラインド、ローマンシェードほどじれったくない）
- 下を開けて上部の光だけを遮ることができる
- 部屋の間仕切りや目隠しにも使いやすい（上げ下ろしがラクで、ロールアップしたら邪魔にならない）
- 遮光、ＵＶ加工（家具などが焼けない）、防炎など機能が選べる
- 防カビ・防水タイプもあり、浴室内での使用にも向く

横型ブラインド

秦野さん宅の寝室

インテリアコーディネーターの一言

「横型ブラインドは、毎日フルオープンにするのではなく、基本下ろしたまま使うのがおすすめ。そうすることで、外の視線、光の量や向きをスラットで自在に、かつ気軽に加減でき、ブラインドのよさが生きます」

特徴
- 上下に開く　●光を入れつつ、外の視線を遮る
- 布がもたつかないので、すっきりした雰囲気
- スラット（羽根）の向きを変えるだけで光量の調整ができる
- 直射日光をさえぎりつつ、光を入れられる
- オープンにしなくても風が通せる（カーテン、ロールスクリーン、ローマンシェードは風でばたばたする）
- シャープなアルミ製、ぬくもりある木製が選べる

カーテン

Mさん宅のリビング

インテリアコーディネーターの一言

「模様替えが気軽にできるのもカーテンのメリット。夏と冬でカーテンを取り替えるのもいいですよね。ほかのタイプに比べて洗濯がしやすいものが多いのも魅力です」

特徴
- 左右に開く　●開閉の操作がラク
- 柄、素材など、選択の幅が広い
- 値段の幅が広く、安価なものも多い
- 屋外への出入りの多い、大きめのはき出し窓で使いやすい（上下に開くブラインドやロールスクリーンは完全に開閉する必要がある）
- 遮光、ＵＶ加工（家具などが焼けない）、防炎などの機能が選べる
- カーテン自体の取り付け、取りはずしがラク
- ドレープの量によって印象が変わる（たっぷり取ってボリュームを出すとエレガントに、ほとんど取らずにファブリックの柄や表情をシンプルに楽しむとカジュアルに）
- タッセルのスタイルで遊べる

ほかにもいろいろ

popさん宅のリビングで発見したのは、〈イケア〉の商品であるトリプルトラックレール。布３枚をハンギングし、横スライドで開閉します。布をレール幅になるよう端の始末をすれば、好みの布を使うことができます。ロールスクリーンとカーテンを足して２で割ったようなイメージで、横開閉させせつつ、布のデザインをすっきりと楽しむことが可能です。

プリーツ加工されたスクリーンを折り畳むように上下に開閉するプリーツスクリーン。折り畳むことによって生まれる水平なラインが印象的です。素材は不織布や和紙調のものが多く、和風やアジアンインテリアとの相性が抜群です。（画像協力：タチカワブラインド）

ドレープとレースの機能を合わせた、またはロールスクリーンの操作性と、横型ブラインドの調光性をかけ合わせたイメージで使えるのは〈タチカワブラインド〉の〈デュオレ〉。レース生地とドレープ生地が交互にずれるようになっているので、昼間はレース部分から光を入れつつ外からの視線を遮り、夜はドレープ生地をメインにしてプライバシーを守るという使い方ができます。ボーダー状になるデザインも魅力。（画像協力：タチカワブラインド）

縦型ブラインド

鈴木さん宅のリビングダイニング

インテリアコーディネーターの一言

「縦型ブラインドは、横方向からの視線の調節に強いので、窓と直角方向からくる視線が気になるかたにおすすめです。なによりスタイリッシュなデザインになるというのが、魅力です」

特徴

- 左右に開く　●光を入れつつ、外の視線を遮る
- 目線が縦方向に動くので、天井が高く見える効果もあり、スタイリッシュ
- オープンにしなくても風が通せる（カーテン、ロールスクリーン、ローマンシェードは風でばたばたする）
- 取り付け部の奥行きがカーテンより少なくてすむ
- 一部開けるだけで人の出入りができ、はき出し窓にも向いている
- カーテン感覚の布製、シャープなアルミ製、ぬくもりある木製から選べる
- 布がもたつかないので、すっきりした雰囲気

ローマンシェード

鈴木さん宅の寝室

インテリアコーディネーターの一言

「大きい窓より、小さい窓に使うのがおすすめ。カーテンと同じ布を選ぶことができるので、はき出し窓にカーテン、小窓にローマンシェードを選んで統一感を持たせることができます」

特徴

- 上下に開く
- 色、柄などが豊富で選択肢が多い
- カーテンの感覚で布が選べるので、布の魅力を楽しみつつ、ロールスクリーンのようにすっきりした印象になる
- 下を開けて上部の光だけを遮ることができる
- 取り付け部の奥行きがカーテンより少なくてすむ
- 遮光、ＵＶ加工（家具などが焼けない）、防炎など機能が選べる

Q 光を取り入れつつ、外からの視線を遮る方法は？

窓は光を取り入れるための場所である一方、外からの視線も受け入れてしまう場所。プライバシーを保ちながら、光は上手に取り入れたいものです。

いちばん一般的なカーテンの場合は、レースのカーテンを引きっぱなしにすることですが、ブラインドならスラット（羽根）の向きを変えて、視線をカットしつつ、光を入れるという方法が。横型ブラインドは上からの視線が気になる場合、下からの視線が気になる場合によってスラットの向きを変えて使います。縦型は横方面からの視線が気になる場合に有効です。

ロールスクリーンやローマンシェードの場合はダブルタイプが存在するので、光を入れたい昼間は薄地のスクリーンやシェードだけを下ろすという使い方をします。

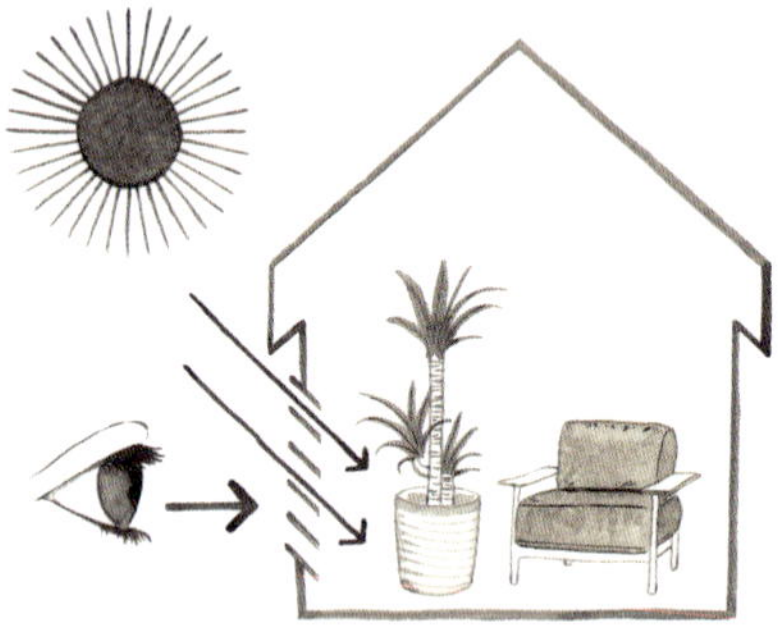

Q スタイル別におすすめの選択は？

インテリアスタイルによっても、似合う窓まわりアイテムはいろいろ。
一概には言い切れない部分もありますが、スタイル別におすすめをご紹介。

ナチュラル	●カーテン ●ローマンシェード ●横型ブラインド（木製）	自然な質感を重視するナチュラルスタイルには、布の選択範囲が広いカーテンやローマンシェードがぴったり。リネンやコットンといった、ナチュラルスタイルにぴったりの素材も選べます。シャープな印象のブラインドも白や薄めの色の木製を選ぶとよく合います。
北欧	●縦型ブラインド ●横型ブラインド ●ロールスクリーン ●カーテン	シンプル×木のぬくもりで表現されることも多い北欧スタイルなので、両方の特徴を合わせ持つ木製ブラインドはぴったり。また、色の選択肢の多いロールスクリーンなら北欧カラー的な色合いを見つけることも容易です。北欧テキスタイルでカーテンを作るのも王道。
フレンチシック	●カーテン ●ローマンシェード ●ロールスクリーン	ドレープをたっぷりとってエレガントに見せるのがこのスタイルの王道なので、カーテンや、裾にドレープのあるバルーンタイプのローマンシェードを検討してみて。柄が豊富なロールスクリーンを選んで、花柄、ペイズリーなどで優美さを表現するのも手です。
アジアン	●ロールスクリーン ●プリーツスクリーン ●カーテン	竹製ロールスクリーンはアジアンスタイルと相性抜群。ざっくりした麻や、紫、オレンジなどアジアンを感じる色のロールスクリーンを採用するのも手です。和紙調のものが多いプリーツスクリーンや、バティックなど、アジアンファブリックをそのまま吊っても。
モダン	●縦型ブラインド ●横型ブラインド ●ロールスクリーン	スタイリッシュなイメージのあるブラインドは、モダンスタイルでこそ、本領を発揮するアイテム。白、黒、グレー、焦げ茶などのロールスクリーンもありです。カーテンを採用する場合は、できるだけドレープを取らず、フラットになるようにすると合います。
カフェ	●横型ブラインド ●ロールスクリーン	たっぷりしたドレープはあまり似合わないスタイルなので、シンプルなブラインドやロールスクリーンがおすすめ。横型ブラインドにはスラットにパンチング穴があるものや、スチール色、アンバー色などが見つかるので、カフェスタイルの無骨さを表現できます。

Q 窓まわりのアイテムは意外に高価！安くおさえる方法は？

家具などの予算は取っていても、窓まわりは忘れていたということで、ウィンドウトリートメントに使える予算が少ないという人は多いようです。そして、見積もりをとると意外に高価ということに愕然とすることも。秦野さんからのアドバイスは、予算のメリハリを付けること。「いちばん長くいるリビングダイニングの窓にはしっかり予算をかけてデザイン、クオリティ、機能に納得のいくものを。反対に個室などは量販店のものを取り入れるなどしながら上手に予算カットをするといいと思います。〈イケア〉や〈無印良品〉などもウィンドウトリートメントが充実しているのでチェックするといいですよ。でも、〝メカもの〟は値段と耐久性はある程度一致します。安価なものは壊れるのが早いことを理解して、使い分けるのがおすすめです」。

寝室ではない、夜は長時間いない、外からの視線が気にならないといった部屋なら、機能性をあまり気にする必要がないので、布を吊る程度でもOK。この事例は切りっぱなしのリネンを吊るしています。〈イケア〉のカーテン用ワイヤを使用しているので、安価に設置ができました。

Q どこに取り付けるのが正解？

使うアイテムを決めてサイズを計ろうと思うと、どこに取り付けるのが正解なのか、疑問が出てきます。窓の開口部を覆えばいいのですが、選択肢があります。

まず、窓枠の内側にするか、外側（正面付け）にするか。カーテンの場合、枠に奥行きがない限り、外側にレールを持ってくるしかないですが、ロールスクリーンやブラインドは、奥行きが狭いところでも設置が可能なので枠の内側に収めることができます。内側に収めると壁とつらを合わせられ、すっきりしますが、両サイドにどうしても空きができるのが難点。外側のほうがしっかり窓を覆う分、遮光性が高く、冷暖房効率にも貢献してくれます。

また、外側（正面付け）にする場合、窓のすぐ上に取り付けるだけでなく、天井近くに取り付ける方法があります。長さが必要になりますが、閉めているときに高さが出る分、縦に視線が向き、天井が高く、部屋が広く見える効果があります。

ロールスクリーンを枠の内側と外側に取り付けた場合の違い。内側のほうがすっきりしますが、外側のほうが窓とのすき間から覗かれる心配が少ない状態になります。（画像協力：タチカワブラインド）

枠の外側に取り付け

枠の内側に取り付け

天井近くから、カーテンを吊っている事例。窓が高く感じられ、広く見せる効果もあります。

Q 窓まわりでなくても使える？

ふだんは広々使う部屋の一部をロールスクリーンで間仕切りする、収納の扉を建具にするのではなく、カーテンを採用するなど、ウィンドウトリートメントは、窓のまわり以外でも使えます。壁や建具を使うより安価になるだけでなく、その後の融通性も高いので、採用を検討する意味は大きいものです。

例えば、秦野さん宅では、洗濯機の上に木製ブラインドを設置。ふだんはオープンにして使っていますが、来客時には、さっと下ろしておきます。一瞬にして生活感を隠せるので重宝します。

Q 違うアイテムをかけ合わせるのもあり？

ありです。カーテンならカーテン、ブラインドならブラインドだけで考えがちですが、ローマンシェード×カーテン、カーテン×ブラインドなど、かけ合わせてそれぞれの長所を取り入れるのも一案です。

例えば、右下事例のダイニングのはき出し窓は庭に面していて、人が出入りをする場所。そこでドレープカーテンの代わりにローマンシェード、奥にレースのカーテンを採用しました。ローマンシェードのすっきり感やデザイン性を取り入れつつ、出入りのしやすさも重視した選択です。一日に一度だけなら、シェードの開閉は苦になりませんし、視線を避けるために閉じているレースはカーテンにしておけば開閉がラク。シェードの上げ下げは子どもには大変ですが、カーテンなら大丈夫です。かけ合わせることで両方のよさを享受できました。

左下の事例では、木製ブラインド×カーテンを採用。外からの視線を遮り、調光も可能というブラインドのよさと、布の質感のもたらすやわらかさ、どちらも取り入れたかったので、この選択に。ブラインドを完全に上げている状態にして、ベランダに出入りすることもあるので、そのときはカーテンが目隠しになってくれます。

窓まわりアイテムのアイデア満載！
モダン×エレガントなインテリア

case 秦野さん宅

インテリアコーディネーターとして、ウィンドウトリートメントのメーカーに勤めていた秦野さん。さすがの知識とセンスで、モダンですっきりしたグレイッシュなインテリアをベースに、ところどころエレガントなアイテムを配し、オリジナルな雰囲気の空間を作り出しています。

窓に注目すると基本は木製ブラインド。床の色に合わせて、リビングはグレー系、寝室はナチュラル系の色です。

「わが家は外からの視線がちょっと気になる立地。だから、ブラインドを選びました。基本はいつも下ろした状態で過ごし、調光しながら過ごしています。スラット（羽根）のちょっとした動きで光を調整できるのがラクです」と、ブラインドの特性を生かした使い方をされています。

ほかにも収納の扉代わりとするなど、窓まわりアイテムを十二分に活用し、暮らしをおしゃれに快適にしています。

秦野さんのブログ：
『assemblee』 http://assemble-e.jugem.jp

〈巣巣〉のテーブルと、子どもたちが使う〈トリップトラップチェア〉は自分たちでペイント。基本はモダンスタイルなのに、あえてエレガントな照明を合わせる〝はずしテク〞が、上級者ならでは。

カーテンは長め。「日本では床ぴったりにしますが、欧米では床に流すことも多いんです」。エレガントさがプラスされるうえ、冷気遮断の効果も。

木製ブラインドは〝畳み込み〞（上げたときにできるスラットの重なり）が大きいので、圧迫感を感じる人も。意識しておくべきポイントです。

はき出し窓からベランダに出るたび、横長のブラインドを上げ下げするのは大変なので、出入り口だけ幅の狭いブラインドを設置しました。

薄手のカーテンがもたらす光の陰影も取り入れたくて、ブラインドの手前にリネンのカーテンを。やわらかな光を部屋全体にもたらしてくれる存在です。

右：子ども部屋の窓からは公園が見えるうえ、外からの視線が気にならないので、開けたままにしておくことが多いそう。ブラインドは布のもたつき感がなく、すっきりした印象。左：寝室はブラインドを下ろしたまま、スラットで光量を調節。右側の収納の扉にカーテンを選んだので、窓はブラインドを採用してバランスよく。

ダイニングキッチンの奥が子ども部屋という間取り。空間を広々使うために、間の壁は設置しませんでした。

右：寝室は布を多く使っているので、はき出し窓にはブラインドを選んでシンプルに。左：収納の扉はカーテンで代用。引き戸と違ってフルオープンでき、折り戸と違ってデッドスペースもできないので、使い勝手よし。

窓まわりアイテムは扉としても活躍

ブラインドやロールカーテンは、窓まわりに使うだけでなく、
見せたくない場所を隠す扉代わりにもなります。

子ども部屋のクロゼットの扉は、ロールスクリーンで。かわいい柄を選べるのが魅力なので、遊び心が欲しい子ども部屋にぴったりの選択です。開閉がラクなのも子どもにうれしいポイント。

ダイニングの横にある秦野さんの仕事スペース。ふだんは下の写真のようにブラインドを上げていることが多いのですが、来客時などに、さっと下ろせばすっきり空間に。建具の扉を付けるのと違って、上に開くので開けているときに邪魔になりません。

洗面所の棚の前にもブラインド。木製は高級感があるので、閉じればなんとなくホテルライクな雰囲気になります。ごちゃごちゃしたものが、さっと隠せて、来客時にも安心です。

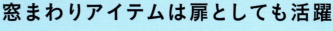

空間の飾り方

rules

空間を飾るというのは、インテリアを完成させる
重要なステップであり、楽しい部分です。
せっかくこだわったインテリアをよりよく完成させるための、
押さえておきたいrulesを、
ハウスメーカーに勤め、インテリアアドバイスをされている
井上明日香さんのご自宅に学びます。

1

斜めから見る

飾るときに意識してしまうのが、真っ正面からのバランス。「とはいえ、じつは正面からその場所をじっと見つめることって案外ないんです」と、井上さんは斜めから見てバランスを取っています。このコーナーを正面から見るとフレームは真ん中ではありませんがこなれた雰囲気になり、落ち着きます。

2

なにに対してバランスを取るのか決める

壁に飾るフレームの位置決めで気をつけるべきは、なにに対してバランスを取るのかということ。ここではテーブルとテーブルに飾った雑貨とのバランスを取って、少し下寄りを意識して飾りました。大きい額ではないので、天井と床でバランスを取るより、コーナーとして完成させることで見栄えがよくなります。

3

飾る場所を決める

部屋のあちこちを飾るのは楽しいものですが、ルールを決めずに漫然と飾っていると、とりとめのない結果に。井上さん宅ではテーブルを壁づけにし、壁側のテーブル上は飾る場所と決めました。逆にテーブルの真ん中は大きく開けることに。飾る場所、飾らない場所を決めることでメリハリが生まれます。

4

まわりを片づける

雑貨を飾るときに大切なのは、飾った雑貨が映えるよう、まわりを片づけること。まわりに雑多なものがあると、どんなにすてきなものを飾っても、単にものが置いてあるだけ、出しっぱなしなだけに見えてしまいます。〝飾る〞の第一歩は、不要なものを片づける、隠すことからはじまります。

5

素材感を揃える

フレームを複数枚飾るときに、すべて同じ額に入れると、杓子定規な仕上がりに。上級者になれば、いろいろな色や素材の額を使ってのミックスもありですが、うまくまとめるのは難しいもの。そこで初心者へのおすすめは素材感の似ているフレームで揃えること。デザインや色が少々違っても、自然に統一感が生まれます。

6

奥行き感を出せるアイテムをプラス

壁を飾るときは平面でとらえがちですが、空間には奥行きがあるので、手前、奥を意識します。このコーナーもフレームだけでは、平面的なので、手前にグリーンの鉢を吊って立体的に。奥行きを感じられるので、のっぺりしません。この場合も正面だけでなく、斜めから見ることでその奥行き感に気がつきます。

7

浮く色は排除する

キッチンは、装飾品を飾るよりも、使うものを飾るように収めるほうが現実的。こういう場合は、「実用を優先するほうが自然にまとまる」とのこと。ひとつ注意すべきが、浮いてしまう色は置かないこと。井上さん宅では、自然素材＋白、グレー、黒にしているので、悪目立ちする色がなく、まとまって見えます。

8

実用の中にも、少しの遊びを

基本的に収納の場所では実用優先でいいのですが、それだけでは味気なくなりがち。棚なら収納しているものの奥に装飾的要素をさりげなくプラスすると、ぐっとおしゃれな雰囲気。収納を邪魔しないフレームを置いたり、お気に入りの箱や缶のラベルをあえて見せたりするのが実用の場所には最適です。

9

細かいものや、見せたくないものはまとめる

丸見えになるとごちゃごちゃしてしまうものや、必要だけれども見せたくないものも、暮らしにはつきもの。見て美しいものを生かすためには、それらを〝隠す〟必要性が。オープン棚なら、かごや箱に入れてしまう方法が有効です。使い勝手をキープしたまま、〝飾る〟を邪魔しない結果になります。

上級者のフレンチシック空間に、〝飾るヒント〟をたくさん発見

case 井上さん宅

アンティークの家具を配したリビング。ひとりがけソファのコーナーが空間のアクセントになり、リビングとダイニングをつなげる役割を担います。

大きいダイニングテーブルを壁づけに。十分な余白があるので、壁側に飾ったものが映えます。照明はぐっと下げているので、テーブルとのバランスよし。カーテンの奥は寝室です。

「この鏡がないと、リビングとダイニングの間に白い間ができてしまって、分断されちゃうんです」と井上さん。そのうえ、鏡に映るものが奥行き感を出してくれ、一石二鳥。

ハウスメーカーに勤め、インテリアアドバイスをお仕事にされている井上さん。実際に暮らしている住まいにあこがれて友人、知人からもアドバイスを求められるというのも納得の、上級者のインテリアを作り上げています。

マンションの一室をワンルームにリノベーション。広々する分、いろいろなコーナーが目に入ってきますが、それぞれの飾り方がなんともすてきです。過度ではなく、適度。バランス感覚のなせる技でしょうか。「飾るところとそうじゃないところを意識することがポイントだと思っています。ものを〝寄せる〟ところと、〝空ける〟ところ。このバランスかな」と井上さん。

もうひとつの視点は、〝遠近〟。平面的に考えてしまいがちですが、空間は立体。家具の奥に飾ったものが見えたり、飾ったものの手前に違うインテリアアイテムがあったり。空間とはそれの繰り返し。「手前と奥を意識して、奥行きをプラスする。そうすると、のっぺりせず、まとまる気がします」。

スツールは雑貨を飾る場所としても重宝します。アンティークのタルト型にガラス瓶をのせて、フレーミングすることで見栄えよく。

「花器に対して花の重心を下げました。壁にフレームを飾っていないので、壁とではなく、棚とバランスを取っています」。

井上さんのインスタグラムのアカウント「51asuka」

リビング側からキッチンを見たところ。グレーに塗装したキッチンがシック。背面の食器棚は部屋のどこからも見えるので、見せることも意識した収納に。

アンティークのレターボックスを壁に。収納を兼ねていますが、ここを飾る場と決めると、横ラインの中にすっきり収まるのでごちゃごちゃしません。

ソファの後ろがパソコンスペース。空間はいろいろなもののつながりで成り立っているので、こういう引いた視点を持つことが大切です。

細かいものは、トレイやかご、瓶、缶などにまとめて、ごちゃつき防止。

冷蔵庫もディスプレイの場。無造作に貼るときも、カードの色味は揃えます。

瓶は形や高さを揃えているので、すっきり見えます。左奥にグリーンを置いて奥行きを感じさせています。

リビングには大きいローテーブルをひとつ。ふだんは子どもたちが宿題したり、おやつを食べたりする場所ですが、ときにはこちらで食事をすることも。直径110cmと食卓として申し分のない大きさなので、ダイニングテーブル＆椅子を置くスペースがない家ならこういうローダイニングにする手もあります。

Column 1

ソファダイニングやローダイニングのすすめ

新生活をはじめるにあたって、多くの人があたりまえのように買うべきと考えているダイニングテーブルと椅子、そしてソファ。無理矢理両方とも配置して空間が窮屈になってしまったり、それを避けたいがために小さいサイズのものを選び、どちらも中途半端で使いにくい状態になったり。また、椅子での食事がくつろげないからと、ほとんどダイニングセットを使わなくなったというケースもよく聞かれます。

そうならないために、ほかの選択肢もご紹介。ソファとダイニングがいっしょになったようなソファダイニングや、大きなローテーブルを選んで食卓にするという考え方です。どれが正しいということではないので、〝あたりまえ〟に惑わされず、自分たちの暮らしにより合った選択を考えることが大切です。

ソファ感覚で使えるので、足を伸ばしたり、ごろんとしたり。ソファがなくても十分くつろげます。

テーブルの向かいにはテレビを壁付けに。ダイニングでくつろぎながら、テレビもゆったり楽しめます。

case 川島さん宅　ソファダイニングでゆったりくつろげる空間に

食べる空間をリビングとは別に確保した川島さん宅。以前は、いただいたダイニングテーブルと椅子を使っていたそうですが、ただ食べるだけの場所になってしまい、その場所に長く滞在することがなかったのだそう。そこで居心地のいい空間にしたいと思い、ソファダイニングのセットに買い替え。椅子のクッション性が高いだけでなく、座面高も低めなので、ゆったりとくつろげるようになりました。そのままごろんと寝転ぶこともでき、子どもたちも居心地よさそうです。食後に、ダイニングでご主人とふたりでのんびりすることも増えました。

キッチンにつながるダイニングスペースは5～6畳ほど。川島さん宅は別にリビングがありますが、このセットだけでもリビングを兼ねた空間になるので、狭い家にこそおすすめできるアイデアです。テーブル、椅子、ベンチソファはすべて〈unico〉のもの。

case holonさん宅

ローダイニングにして空間を広々と使う

0歳と4歳のお子さんと家族4人暮らしのholonさん宅。椅子に座っての食事よりくつろげるので、〈無印良品〉のローテーブルを食卓にし、ローダイニングを採用しています。子どもが小さいうちはとくに、床に近い暮らしが重宝です。椅子とテーブルもありますが、食事をする場所として用意したわけではなく、ちょっとお茶を飲んだり、パソコンをしたりするためのもの。簡易的に使うだけなので、半円形の小ぶりなものを選択。おかげでリビングダイニングを広々と使えるようになりました。

holonさんのインスタグラムのアカウント「holon_」

case 青木さん宅

ラウンジ感覚でまったりコーナーに

インテリア写真を共有できるＳＮＳ〈RoomClip〉ですてきな写真を投稿している青木さん。ご自宅のリビングでは、〈無印良品〉のユニットソファを組み合わせ、Ｌ字のソファコーナーを作っています。まるでラウンジかのように、まったりとくつろげそうな空間です。合わせたテーブルの高さは約50㎝。ソファに座ったままでも手が届きやすい高さなので、くつろぎながら食事をすることが可能です。青木さん宅にはダイニングテーブル＋椅子のコーナーもありますが、食事は毎日ここでしているそう。まさにくつろげるソファダイニングを実践中です。

青木さんのRoomClipのアカウント名「piyohop」

ソファのようにくつろぎながら、カフェのように食事やお茶時間を楽しむことができます。ＯＷＮシリーズ／アクタス

〈アクタス〉&〈unico〉でも発見！

インテリアショップにも、ソファダイニングやローダイニングを提案する家具が増加中。〈アクタス〉のＯＷＮシリーズ（左写真）は、固めの座り心地で座面高が低め。食事のしやすさとくつろぎ感を合わせもつ、ソファとダイニングチェアの中間的存在として提案されています。一方、ＦＫ-１シリーズ（左下写真）はこたつにもなるローテーブル。スタイリッシュな座椅子もラインナップされており、センスアップされたローダイニングを実現できます。

〈unico〉でもリビングダイニングが兼用できるダイニングセットを販売中。下の写真のＳＵＫシリーズはベンチタイプのダイニング。クッションを合わせてくつろぎ度をアップさせれば、ソファ要らずになりそう。

ローテーブルは直径100～120cmの間でオーダーが可能なので、家族4人の食卓として十分。こたつとしても使える商品なのに、モダンなデザインがうれしい。ＦＫ-１シリーズ／アクタス

ベンチタイプの椅子はクッション性もあるので、くつろぎの食事時間になります。ＳＵＫシリーズ／unico

場所別
照明選びのポイント

リビング

家族が集い、さまざまな行為を行うリビングでは、明るさを確保しつつ、くつろぎ感を演出するのがポイント。調光できるようにしておくと、必要に応じて明るさを変えられるのでおすすめです。最近では、後付けできるシーリングライトに、調光機能のあるものもあります。また、目線よりも低い位置に光があるとくつろぎ感が増すので、床置きのスタンドライトを取り入れるのもおすすめ。

ダイニング

食事をするところなので、基本的には料理がおいしく見える、赤みのある光（電球色）がおすすめ。ペンダントライトをテーブルの上に吊るすと、テーブルだけに光が当たるような形になり、テーブルに集うという印象も作れます。ダイニングテーブルで勉強もするという家庭では、電球色と昼白色を切り替えられるLEDの照明器具を検討するか、デスクライトなどの手元灯を併用しましょう。

寝室

寝るまでの時間をゆったり過ごせるような、くつろぎ感のある照明がおすすめなので、赤みのある光（電球色）を。電球部分が直接見えるものだと、目にまぶしく、快眠の妨げになるので、シェードで囲まれているものや、天井方向に光を向ける間接照明を選びます。寝る前に読書をする習慣があるなら、スタンドを読書灯に。足元だけ明るくするフットライトがあると、トイレに立つときに便利。

リフォーム時にダクトレールを設置し、スポットライトやペンダントなどの多灯づかいに。

天井に照明を埋め込んだダウンライトは、すっきりモダンな雰囲気。

Column 2

照明づかいで
空間をセンスアップ

照明とインテリアは切っても切れない関係です。照明による光が、空間にメリハリをプラスしてくれたり、落ち着きのある雰囲気にしてくれたり。とはいえ、照明は部屋を明るくするという重要な目的を果たすものなので、見た目優先というわけにもいきません。

基本的には、シーリングライトやダウンライトなどの主照明で十分な明るさを得つつ、床に置くスタンドライトや壁に付けるブラケットライトなどの補助照明で、雰囲気をアップさせるという組み合わせで考えます。一灯の主照明だけでは、どうしても空間がのっぺりしがちなので、インテリアのセンスアップを目指すなら、補助照明を取り入れましょう。そのときに、天井や壁に向けて光をあてる上向きの間接照明も意識して取り入れると、より非日常的な、落ち着きのある雰囲気をインテリアにプラスしてくれます。

上：このライトは乳白色のガラスなので透過性があり、シェードの下側だけでなく側面側からも光がもれ、やわらかな雰囲気に。左：こちらのペンダントライトは透過性のない金属なので、下方面だけが明るくなり、陰影によるメリハリが生まれます。

照明を選ぶときは、光の広がり方に着目

照明器具のシェードには光を透過するものとしないものがあります。透過しないものは、電球の向いている方向のみが明るくなり、光が届かない部分との明暗の差が大きくなるので、光でメリハリのある空間を演出できます。一方、シェードが光を透過するものは、部屋全体をふんわりやわらかく、明るくしてくれます。

照明のデザインによっては、右ページの写真のように、天井に陰影を生み、ドラマティックな雰囲気を演出できます。

ペンダントライトはテーブルの上に

暮らしに合うように家具を配置していくと、天井に付いている電源（引掛シーリング）の真下に、テーブルが置けるとは限りません。だからといって、テーブルからペンダントライトがはずれてしまっていると、テーブルを照らすという用途を果たさないばかりか、インテリアとしてのバランスが悪くなり、ちょっとあか抜けない印象に。そのうえライトに頭が当たるという状況にもなりがちです。

右写真のように、天井にフックを付けて、テーブルの上にくるように調整するのが正解。もし、天井に穴を開けたくない場合は、ペンダントサポーターと呼ばれる器具を使えば、位置移動が可能です。

ダクトレールならスポットや多灯を楽しめる

天井や壁に、ダクトレールと呼ばれるバー状の照明電源を付けておくと、暮らしに合わせて照明の足し引きが可能。インテリアを盛り上げてくれる多灯づかいも、新たな電源工事をすることなく楽しめます。左写真は、黒のダクトレールを選び、シンプルなスポットライトを合わせて、カフェスタイルによく合う雰囲気に。また、右ページの写真のようにスポットライトとペンダントライトを併用することもできます。

通常のダクトレールは、専門技術を持った職人による工事が必要ですが、元々天井に付いている電源（引掛シーリング）に設置できる、工事が不要な器具も販売されています。

編集・文
加藤郷子

取材・構成・文
太田順子(アジアンスタイル、モダンスタイル)

撮影
安部まゆみ(鈴木さん宅、吉田さん宅)
飯貝拓司(川西さん宅)
片山久子(Tさん宅、TUULIさん宅、popさん宅、秦野さん宅)
川井裕一郎(Mさん宅、Fさん宅、井上さん宅)
砂原 文(holonさん宅)
林ひろし(堀さん宅、Kさん宅、川島さん宅)
山口幸一(Fさん宅)

監修
P90〜99 OURHOME Emi(整理収納アドバイザー)
P102〜103、P126〜127 鈴木理恵子(インテリアコーディネーター)
P108〜111 秦野 伸(インテリアコーディネーター)

イラスト
服部あさ美

アートディレクション
knoma

デザイン
石谷香織 鈴木真未子

校正
木串かつこ 本郷明子

企画・編集
朝日新聞出版 生活・文化編集部 端 香里

暮《く》らしが変《か》わる!
スタイルで選《えら》ぶインテリアrules

編著
朝日新聞出版

発行者
須田 剛

発行所
朝日新聞出版
〒104-8011 東京都中央区築地5-3-2
電話(03)5541-8996(編集) (03)5540-7793(販売)

印刷所
大日本印刷株式会社

Published in Japan by Asahi Shimbun Publications Inc.
ISBN 978-4-02-333074-0

定価はカバーに表示してあります
落丁・乱丁の場合は弊社業務部(電話03-5540-7800)へご連絡ください。
送料弊社負担にてお取り替えいたします。